C. A. PRESS

EL DESPERTAR DEL SUEÑO AMERICANO

PILAR MARRERO es una de las periodistas hispanas más activas y solicitadas en Estados Unidos. Durante las últimas dos décadas, ha sido reportera y editora de *La Opinión*, el diario en español más grande e importante del país. También es una analista popular para noticieros en español e inglés, incluyendo: *Latino USA* de NPR; CNN y CNN en español; BBC World; NBC Channel 4 News en Los Ángeles; *María Elvira Live* en Mega TV; *Al Punto* con Jorge Ramos en la cadena televisiva nacional Univisión; *Living on Earth* en Public Radio International, transmitido en trescientas estaciones alrededor del mundo; *Radio Nacional* de España; y más. Además, Pilar es profesora de periodismo en español en la Universidad de California. Actualmente vive en Los Ángeles, California.

El despertar del sueño americano

*La tensión, el conflicto y la esperanza
de los inmigrantes en Estados Unidos*

PILAR MARRERO

C. A. PRESS
Penguin Group (USA)

C. A. PRESS

Published by the Penguin Group
Penguin Group (USA) Inc., 375 Hudson Street, New York, New York 10014, U.S.A.
Penguin Group (Canada), 90 Eglinton Avenue East, Suite 700, Toronto, Ontario, Canada M4P 2Y3
(a division of Pearson Penguin Canada Inc.)
Penguin Books Ltd, 80 Strand, London WC2R 0RL, England
Penguin Ireland, 25 St Stephen's Green, Dublin 2, Ireland (a division of Penguin Books Ltd)
Penguin Group (Australia), 250 Camberwell Road, Camberwell, Victoria 3124, Australia
(a division of Pearson Australia Group Pty Ltd)
Penguin Books India Pvt Ltd, 11 Community Centre, Panchsheel Park,
New Delhi – 110 017, India
Penguin Group (NZ), 67 Apollo Drive, Rosedale, Auckland 0632, New Zealand
(a division of Pearson New Zealand Ltd)
Penguin Books (South Africa) (Pty) Ltd, 24 Sturdee Avenue, Rosebank,
Johannesburg 2196, South Africa

Penguin Books Ltd, Registered Offices:
80 Strand, London WC2R 0RL, England

First published in 2012 by C. A. Press, a member of Penguin Group (USA) Inc.

10 9 8 7 6 5 4 3 2 1

LIBRARY OF CONGRESS CATALOGING-IN-PUBLICATION DATA
Marrero, Pilar.
El despertar del sueño Americano : la tensión, el conflicto y la Esperanza
  de los inmigrantes en Estados Unidos / Pilar Marrero.
p. cm.
ISBN 978-0-9831390-4-1
  1. United States—Emigration and immigration—Government policy.
  2. Illegal aliens—Government policy—United States.
  3. Immigrants—Government policy—United States.
  4. Illegal aliens—United States—Social conditions.
  5. Immigrants—United States—Social conditions.
  6. Latin Americans—United States—Social conditions.
  I. Title.
JV6483.M299 2012
325.73—dc23
2012003757

Printed in the United States of America

While the author has made every effort to provide accurate telephone numbers and Internet addresses at the time of publication, neither the publisher nor the author assumes any responsibility for errors or for changes that occur after publication. Further, publisher does not have any control over and does not assume any responsibility for author or third-party Web sites or their content.

Dedico este trabajo a la extraordinaria historia de los inmigrantes en los Estados Unidos de América, un gran país que se ha hecho más grande en su generosidad hacia los recién llegados a lo largo de los siglos. Que por encima de los puntuales oportunismos políticos, sigan triunfando esa generosidad y esos brazos abiertos al mundo.

Índice

Índice

TERCERA PARTE
El sueño no tiene visa

Prólogo

Del congresista Luis V. Gutiérrez, de la Cámara de Representantes del Congreso de Estados Unidos

Existe sólo un puñado de reporteros que entiende verdaderamente el debate acerca de la inmigración que ha venido ocurriendo en Estados Unidos durante aproximadamente la última década. No me había percatado de cuán pocos eran hasta temprano en 2006 cuando millones de inmigrantes y sus aliados salieron a las calles a través de todo Estados Unidos para realizar las protestas pacíficas más grandes de la historia de este país. En mi ciudad de Chicago, más de trescientas mil personas se congregaron para protestar una mala propuesta de ley aprobada recientemente por los republicanos en la Cámara de Representantes, y para respaldar una buena propuesta que estaba siendo considerada por el Senado de Estados Unidos.

Los que marcharon procedían de toda el área de Chicago y de todo el resto del mundo. Algunos ondeaban banderas mexicanas, hondureñas o jamaiquinas, y muchos más ondeaban banderas de Estados Unidos. No eran tan sólo inmigrantes o trabajadores indocumentados, sino también sus familiares, sus vecinos, los patrones y compañeros de trabajo de los inmigrantes. Quienes compartían los servicios y cultos religiosos junto a las familias inmigrantes vinieron a marchar junto a éstos en el centro de la ciudad de Chicago.

Eran votantes y personas que no se han convertido a ciudadanos o que eran demasiado jóvenes para votar. Estaban jubilosos y molestos a la vez. Estaban tanto optimistas como preocupados. Llegaban y seguían llegando.

La propuesta de ley que los manifestantes protestaban llevaba el nombre de su autor, el congresista republicano de Wisconsin, F. James Sensenbrenner, quien era entonces presidente de la Comisión de lo Jurídico de la Cámara de Representantes.

Ésta era la legislación más antiinmigrante que el país había visto desde la reacción antiinmigrante de los años veinte y treinta. El proyecto había sido aprobado el diciembre previo, días antes de la Navidad de 2005, y todos los residentes de los barrios mexicanos y puertorriqueños, hasta los grupos nacionales por los derechos civiles, la Iglesia católica y la Cámara de Comercio estaban opuestos a ella.

La propuesta que los manifestantes respaldaban era un proyecto de ley bipartidista para una reforma integral del sistema migratorio que estaba siendo considerada en el Senado y que yo ayudé a redactar junto a mi colega demócrata, el senador Edward M. Kennedy, y nuestros colegas el senador McCain y los congresistas Jeff Flake y Jim Kolbe, estos tres republicanos de Arizona.

Luego de una concentración masiva en Chicago, y durante los días y las semanas que le siguieron, millones más salieron a las calles en Los Ángeles, Dallas, Nueva York, Milwaukee, Seattle y en ciudades y poblados grandes y pequeños a través de todo el país. Fue una serie de eventos admirable y un momento maravilloso en la historia de Estados Unidos.

La mayoría de los periodistas en Estados Unidos no tenía idea acerca de que había detrás de las mega-marchas ya que no habían estado siguiendo el tema. Tenían una idea muy vaga acerca del aumento de la inmigración durante los años ochenta, noventa y principios de la década del año 2000, y en especial acerca del crecimiento de la comunidad latina en los Estados Unidos. Pero la mayoría de los periodistas no conocían, en realidad, el asunto de la inmigración ni de la comunidad ni la historia de la legislación ni de la pasión que llevó a tanta gente a marchar junto a sus vecinos para hacer escuchar sus voces. Las cadenas noticiosas nacionales comenzaron a llamar mi oficina en Washington a preguntar: "¿Quién es esta gente? ¿De dónde salieron tan de repente? ¿Qué rayos es lo que quieren?".

Marché en Chicago y he participado en muchas demostraciones masivas a favor de la reforma integral del sistema migratorio desde entonces. La pasión, las marchas, la expresión de amor hacia Estados Unidos y la desesperación entre los inmigrantes, los latinos y entre sectores amplios de la sociedad por tener leyes migratorias sensatas no fue sorpresa para mí. Había estado luchando por leyes que mantengan a las familias unidas y que le permitiesen a las personas trabajar legalmente ya por más de una década, habiendo sido elegido a la Cámara por primera vez en 1992.

Las concentraciones gigantes pro inmigración tampoco fueron sorpresa para ese pequeño grupo de reporteros que había estado cubriendo el asunto de la inmigración y la comunidad latina, principalmente en el sector creciente de los medios en español.

Aquellos en la televisión en español o aquellos pocos que trabajan en los principales periódicos en inglés reciben más atención, pero una reportera en particular fue siempre la líder del grupo. Pilar Marrero en *La Opinión* ha cubierto el tema de la inmigración más de cerca y más íntimamente que cualquier otro reportero en el país.

Su conocimiento de los asuntos en Washington siempre me sorprendió porque ella estaba a tres mil millas, en Los Ángeles, pero siempre sabía lo que estaba ocurriendo. Ella sabía cuáles senadores estaban planificando qué enmiendas y cómo los grupos de empresarios, sindicales y latinos se alineaban detrás de una u otra propuesta. Ella fue capaz de traducir el lenguaje complejo del proceso legislativo para su audiencia. Y, esta traducción era mucho más difícil que traducir algo del inglés al español; esto era tomar el lenguaje inflado, obscuro y engañoso de Washington y de los políticos y traducirlo para las familias a través de todo el país, quienes tenían lo más que perder o ganar de este debate.

Quizá era precisamente porque ella se encontraba más cerca al pulso de la comunidad latina en vecindarios en todo Los Ángeles y a través del país que su perspicacia y honestidad dominaron a otros reporteros. Entonces, como ahora, ella hace preguntas fuertes, se asegura que le dé respuestas honestas y que vaya más allá de discursitos preparados de antemano que pudiese haber tenido, para llegar al centro de la noticia acerca de lo que realmente está ocurriendo.

¿Tenemos *en realidad* la posibilidad de aprobar una ley de reforma migratoria integral? ¿Están jugando a la política los demócratas? ¿Podrán los republicanos pro inmigrantes tener éxito en lograr que sus colegas antiinmigrantes accedan a una legislación que legaliza a los indocumentados?

A menudo, ella sabe más acerca de lo que está ocurriendo que la propia gente que está en Washington, pero más importante aún, de cómo la comunidad a través del país está reaccionando ante lo que ocurre en Washington.

Cada vez que conversamos, ella hace las preguntas escépticas y simples que sus lectores desean que se hagan. Ella canaliza las conversaciones —y las esperanzas, las aspiraciones y los miedos— que son expresadas durante los desayunos en las cafeterías y en las panaderías en todo el país. Ella está en sintonía con la comunidad y me empuja a realizar un mejor trabajo como representante de dicha población.

Prólogo

Usted tiene que estar ahí para saber qué está ocurriendo en la comunidad latina y en el mundo más amplio de los inmigrantes en Estados Unidos. Usted debe caminar las calles de las ciudades principales de Estados Unidos —y de muchas ciudades más pequeñas también— para ver, oír y sentir lo esperanzado que viven los latinos en Estados Unidos. Para muchos, sus familias han vivido por décadas y generaciones en este país para salir adelante y ser aceptados. Para muchos otros, sus familias están acarreando los sueños de los inmigrantes que cruzaron la frontera —durante los muchos años o décadas pasadas— buscando empleo y una vida mejor. Muchos son inmigrantes que saben de los retos de vivir en una sociedad nueva con un nuevo idioma y nuevas reglas.

Lo ve reflejado en las caras de padres que empujan cochecitos de bebé en la calle 26 de Chicago. Esa calle está en el corazón de la comunidad latina y contribuye más a la vitalidad económica de Chicago que cualquier otra área comercial de la ciudad. Allí vemos más que niños, aunque somos una gente muy prolífica. Vemos a dueños de negocios y a empresarios, a los hombres y mujeres de la clase trabajadora que laboran fuerte para hacer que la ciudad funcione, a los inmigrantes y a la gente que ha vivido aquí por generaciones, todos intentando hacer las cosas un poquito mejor para las generaciones venideras.

Esa aspiración es la pasión detrás del movimiento por la reforma migratoria. Si usted la conoce y la siente, esto será reflejado en cómo usted hace sus reportajes acerca del tema como periodista. Mientras algunos critican a los medios en español en Estados Unidos por ser abanderados de la reforma —y por no ser sólo reporteros del tema migratorio— usted debe entender que la visión de un sistema justo y equitativo, y de una sociedad ordenada y justa, nace de las aspiraciones de los padres de esta generación para sus hijos. Esa pasión y entendimiento se reflejan en el reportaje de Pilar. Es genuino y mucho más auténtico que el enojo fabricado de la televisión de cable o la radio en inglés.

Si usted ha conocido las mujeres que recogen el ajo en Salinas, California, o ha pasado un día con un estudiante indocumentado de la Ley del Sueño (DREAM Act) que desea ser aceptado como parte de la sociedad de Estados Unidos, usted conoce esa pasión a la que me refiero. Si puede ver adentro del corazón de la mujer que empuja una aspiradora en un hotel u oficina, o del hombre que estaciona su carro o se lo repara, usted conoce la esperanza.

Si usted es un escritor talentoso y puede canalizar esta pasión y esperanza, esto será reflejado en su reportaje. Muy pocos tienen las herramientas para hacerlo. Y aún menos pueden hacerlo tan bien como Pilar Marrero.

Introducción

Una nación de inmigrantes en conflicto

Una de mis primeras asignaciones como reportera novata, cuando comencé a trabajar en Los Ángeles en 1987, fue cubrir la implementación de la Ley de Amnistía de 1986, por medio de la cual millones de inmigrantes indocumentados podrían lograr la soñada residencia en Estados Unidos.

Recuerdo eventos muy simpáticos y algo ridículos en los que los dos jefes locales del Servicio de Inmigración y Naturalización (INS, por sus siglas en inglés) —Harold Ezell, director regional, y Ernest Gustafson, jefe del INS en Los Ángeles— salían a recorrer la ciudad con sombreros de charro y un disc jockey llamado Luis Roberto (El Tigre) González, a pedir a los indocumentados que aprovecharan el programa.

Se hacían llamar "el Trío Amnistía".

Qué tiempos aquellos, cuando la palabra amnistía era simplemente lo que su significado en el diccionario explica: un perdón, por ley o decreto, de delitos, particularmente políticos. En este caso, se perdonaba la presencia ilegal en el país y se ofrecía la residencia permanente bajo ciertas condiciones.

Hoy en día, la amnistía es un asunto profundamente controversial en Estados Unidos y casi una mala palabra que se escupe con desprecio junto con el señalamiento de "ilegal" contra los inmigrantes no autorizados en este país. El cambio en el concepto y el uso de la palabra "amnistía" reflejan algo más profundo: el cambio de actitud hacia ciertos inmigrantes que se ha dado en Estados Unidos en los últimos veinticinco años.

Para mí, todo ese panorama del Trío Amnistía era una anécdota más o menos importante en una realidad que, como latinoamericana relativamente recién llegada, me había tomado por sorpresa: la importancia de la presencia mexicana, centroamericana y de otros latinos en la vida moderna de la potencia estadounidense.

Quizá por ser venezolana y no mexicana, no tenía una consciencia clara de la importancia de los inmigrantes recientes a Estados Unidos. No es algo que se estudie en la escuela o en las clases de historia universal que tuve a lo largo de mi educación.

Estados Unidos era la potencia económica mundial cuando nací, a mediados de los años sesenta, y aún lo era cuando inmigré en 1986, siguiendo los pasos de mi novio, también venezolano, con quien me casé luego en Los Ángeles. A pesar de haber crecido en una familia de clase trabajadora, no fui una emigrada económica como millones de otros que venían al "Norte". Podía haberme quedado en Venezuela para seguir mi carrera de periodista, luego de graduarme con una Licenciatura en la Universidad Católica Andrés Bello de Caracas en 1986.

Pero, aparte de mi relación con mi pareja de entonces, que vivía aquí desde hacía años, me atraía la idea de salir al extranjero, cosa que nunca había hecho: ver otros países y vivir en el Primer Mundo, donde los servicios públicos funcionaban y había más seguridad en la calle. Muchos latinoamericanos pueden entender esta idea: amamos a nuestras patrias, pero soñamos con que sean diferentes. A veces la única opción que se nos ocurre o que podemos tomar es la de irnos a buscar mejores horizontes.

En resumen, aparte de los cambios en mi vida personal, me llevó a emigrar mi muy particular sueño americano, que no es el mismo para todo el mundo: salir de mi país, más independencia de mi familia, experimentar la vida en un país de los clasificados como "desarrollados".

Pero al llegar a Los Ángeles fue obvio que la realidad era más compleja de lo que yo esperaba. Al fin y al cabo, lo que nos llegaba por la televisión eran las películas y las series de Hollywood, donde rara vez se veía a un actor de color, sea negro, latino o de ningún otro tono oscuro, y nunca se plasmaba la vida de las minorías ni de los inmigrantes en las grandes ciudades y menos en los pequeños pueblos americanos.

Para mí, Estados Unidos era la modernidad imaginada de *Viaje a las estrellas* y el apuesto Capitán Kirk o la vida idealizada de la brujita rubia y guapa de *Hechizada*. Además, el único latino-gringo fue siempre Ricky Ricardo, el de Lucy, cuyo acento no era nada extraordinario porque todo lo veíamos traducido al español.

Los Ángeles, en 1980, era un hervidero de inmigrantes, refugiados de las guerras de Centroamérica y de pandillas, principalmente afroamericanas, pero también latinas, que se mataban a diario.

En los primeros años que residí en esta ciudad me tocó vivir —y cubrir— eventos tan graves como la famosa racha de tiroteos en las autopistas, que tenía en vilo a esta metrópolis tan dependiente del auto; los abusos del Departamento de Policía de Los Ángeles (LAPD, por sus siglas en inglés); el caso Rodney King, los juicios de los policías involucrados en reducir a este conductor afroamericano con más de cincuenta macanazos; y luego los disturbios de 1992 en la ciudad, tras la indignación de la gente ante la declaración de inocencia de los agentes. Fueron años convulsos y azarosos en la vida de Los Ángeles, y sirvieron para sentar la base de reformas que luego crearon una ciudad más moderna y progresista.

Introducción

Pero más allá de los eventos que marcaron la vida de la ciudad y de la nación estaba un país mucho más complejo que el mito, donde los latinoamericanos jugaban un papel cada vez más importante, como mano de obra, como vecinos y residentes y como ciudadanos.

Gracias a las guerras en Centroamérica, la Ley de Amnistía de 1986 y la buena economía de los años noventa, la década y media después de mi llegada a este país vio uno de los más grandes flujos de inmigración en la era moderna, trayendo consigo mucha mano de obra, rejuveneciendo la población y también creando presiones sociales en las ciudades y más adelante en los pueblos.

Sin embargo, ser indocumentado en aquellos años no era un estatus tan complicado como llegaría a serlo después de 1996 —y sobretodo luego de 2001— porque, tal y como lo explico en este libro, hubo eventos puntuales y oportunismos políticos que prefirieron legislar la inmigración en fragmentos, sin tomar en cuenta las necesidades del país a largo plazo: lo que importaba era la próxima elección y nada más.

Por décadas fue posible, siendo indocumentado, vivir tranquilamente en este país, trabajar, tener seguro social —que no estaba marcado para los no autorizados a trabajar, como está hoy en día—, tarjetas de identificación y licencias de conducir. La frontera —la puerta— estaba entreabierta y las leyes permitían mayores posibilidades de legalización por diferentes medios a quienes tuvieran un patrocinador familiar o un trabajo.

La Ley de Amnistía de 1986 funcionó en legalizar e integrar a tres millones de personas, pero falló en crear mecanismos a largo plazo para la contratación de extranjeros en las industrias que hicieran falta según los vaivenes de la economía. Tampoco, hasta mediados de los años noventa, se aplicaron adecuadamente los recursos de protección fronteriza ni fue posible contener la proliferación de documentos falsos debido a la oposición que existe en el país a la creación de una tarjeta de identidad nacional.

Pero la realidad es que Estados Unidos siempre fue, es y probablemente seguirá siendo un imán para los inmigrantes desesperados o ambiciosos. Ninguna amnistía, por amplia que sea, puede impedir el futuro flujo ilegal de inmigrantes si el país sigue ofreciendo el tesoro más preciado a quienes llegan a él: un trabajo y la oportunidad de superarse, aunque a su vez no tenga un sistema sencillo o suficientes cupos de visas para hacerlo.

Desde los años de las peripecias del Trío Amnistía a mediados de los ochenta a los trucos electoreros de Pete Wilson en 1994 y el radical cambio en las leyes de inmigración de 1996, la vida de los inmigrantes indocumentados y de sus seres queridos, fueran estos inmigrantes legales o ciudadanos, se ha vuelto infinitamente más difícil y tortuosa.

El país no se ha animado a realizar una deportación masiva de millones de indocumentados ni a sincerar la necesidad que de ellos tiene la economía. Seguimos, como país, viviendo en un limbo cada vez más incómodo, pero que ya hace tiempo que se volvió insostenible para Estados Unidos, al menos políticamente hablando, pero sobretodo, porque es un tema sin resolver en un momento de declive del poderío estadounidense desde el punto de vista económico y también moral.

Tras la desaparición de la Unión Soviética y la "amenaza roja" —que ahora ha sido substituida por el terrorismo islamista y por el crecimiento económico de China y la India como competidores mundiales de la otrora única potencia restante en el mundo— las cosas han cambiado en Estados Unidos de nuevo. No es la primera vez en la historia que esto ocurre y que los inmigrantes son carne de cañón en la guerra política en vez de una parte integral de quienes somos y quienes siempre hemos sido.

Introducción

Y así llegamos a finales del siglo XX, donde Estados Unidos sigue siendo un país que idealiza y honra su origen inmigrante, pero al que le cuesta entender la importancia de los inmigrantes de hoy.

Por primera vez en su historia moderna, Estados Unidos se está convirtiendo en un país hostil hacia el recién llegado. Las leyes y políticas migratorias están bajo el control de minorías extremistas que manipulan la opinión pública y que han logrado impedir medidas destinadas a la integración de estos nuevos "americanos". El que estos recién llegados en poco o nada se diferencian de sus propios ancestros, es algo que generalmente se niega en la discusión del problema migratorio.

Los críticos señalan que el problema está en la ilegalidad de los inmigrantes. ¿Qué parte de ilegal no se entiende? Toda una industria de candidatos y políticos en funciones se ha mantenido en base a esta idea y, sin embargo, poco o nada han hecho para resolver el problema a largo plazo. La realidad es que estas mismas cosas se decían cuando los inmigrantes, también paupérrimos y desesperados, llegaban en barcos desde Europa. No eran ilegales, porque no había casi restricciones en las leyes del nuevo país, pero igual se les consideraba una amenaza. E igual se les recibía, daba empleo e integraba en la fibra de esta gran sociedad.

Pero esta situación tiene sus peligros. El tono negativo y las prácticas restrictivas contra los inmigrantes de hoy amenazan la estabilidad social y económica de un país que se hizo grande gracias a los extranjeros que llegaron en todas sus épocas para trabajar en los oficios más duros y necesarios, permitiendo el progreso de los que llegaron antes.

Ya hay expertos dando la voz de alarma.

Dowell Myers, profesor de la escuela de Política y Desarrollo de USC (la Universidad del Sur de California en Los Ángeles), explica por qué los inmigrantes son cruciales para el país en una entrevista reciente que le hice, en la que habló del envejecimiento de la población de los Baby Boomers.

"Una avalancha de envejecimiento amenaza con inundar nuestra economía de demasiados jubilados e inmuebles por vender. El gobierno se verá abrumado por las necesidades de los dependientes mayores: la emergencia que causará una población que se hace vieja es una verdadera crisis y los hijos de los inmigrantes tendrán un papel muy importante que jugar", afirmó Myers.

Sin embargo, esta necesidad no parece estar teniendo efecto en la política migratoria del país. La inmigración se ha convertido en el tema prohibido de la política estadounidense y las fuerzas restriccionistas continúan ganando cada batalla, aún en contra de los intereses del país.

Esto se reflejó, por ejemplo, en la derrota del DREAM Act en el Congreso, en diciembre de 2010 —la medida que hubiera legalizado a los jóvenes indocumentados que fueron traídos por sus padres inmigrantes, estadounidenses en cultura y crianza, una generación extraordinaria que se está enfrentando a limitaciones que otras generaciones de inmigrantes nunca tuvieron.

O en las leyes estatales de Arizona, Georgia y Alabama, que permiten o más bien obligan a la policía a detener o pedir documentación a personas que pudieran ser indocumentadas, permite a cualquier ciudadano denunciar a un policía que "no cumpla su deber" y criminaliza el mero hecho de pedir u ofrecer trabajo en cualquier esquina, un marco legal que ha ido más lejos que ningún otro en la historia legal del país.

Cada uno de estos estados ya ha sentido los efectos económicos de esa medida y el efecto amenaza con ser duradero, aunque la última palabra en estos casos las tendrán los tribunales que procesan demandas contra estas legislaciones.

Que estas leyes pueden tener un efecto desastroso en las economías y sociedades de estos estados es algo que la clase política que las impulsa no se molesta en considerar. La culpa, en gran medida, la tienen algunos actores de la clase política que explotan los temores de la ciudadanía, ya sea en el entorno de la seguridad o en el de la recesión económica en la que está sumida la nación. Estos políticos, desde hace casi dos décadas, se han beneficiado electoralmente del uso de los peores estereotipos sobre los extranjeros, en particular los mestizos mexicanos, para convertirlos en símbolo de lo que "amenaza" al país.

Como ejemplo del tipo de actividad que se ha generado se encuentran los grupos estilo Ku Klux Klan, partidarios de la supremacía de los blancos, u otros menos llamativos pero igualmente nocivos que se han reactivado con fuerza en regiones del país, ya no para odiar a los negros o a los judíos, sino a los ilegales, léase: los inmigrantes mestizos de América Latina.

Según el Southern Poverty Law Center, la cantidad de grupos radicales que existen y que directamente actúan para confrontar u hostigar a inmigrantes está aumentando rápidamente. Por ejemplo, entre 2008 y 2009, hubo un aumento del 80% en el número de estos grupos, que pasaron de 173 a 309 identificados. El ejemplo más relevante es el de los Minutemen, que surgieron en diferentes puntos del país no sólo para protestar contra los inmigrantes sino para activamente reportarlos, hostigarlos y vigilar las fronteras.

Las consecuencias de estos eventos no son oscuras ni difíciles de observar. Una columna del prestigioso periódico *New York Times*, publicada a finales de 2010, hizo un llamado de alerta sobre el particular.

El artículo titulado "Mano dura en Inmigración" (Immigration Hardball) anticipaba que durante los siguientes dos años el liderazgo radical en el Congreso no dará solución al problema de la inmigración ilegal sino se dedicará a seguir enfatizando más de lo mismo: soluciones policiales. "Este trato duro al problema hace burla de los valores americanos, es irresponsablemente caro y no es efectivo".

En resumen, hay un precio que pagar.

Como se esperaba, surgieron los llamados a reevaluar el derecho constitucional a la nacionalidad para los niños nacidos en suelo estadounidense, una medida que existe en algunos países europeos y que no sólo no ha solucionado los problemas de esos países sino ha creado algunos adicionales, como la existencia de una subclase permanente sin patria ni futuro.

Lo que está ocurriendo contradice la propia historia del país, amén de resultar cuestionable desde el punto de vista moral. Durante los últimos años la deportación proactiva y acelerada de indocumentados ha separado familias y creado un grupo permanente de residentes de segunda clase, pero lo que muchos no saben es lo peligroso que es para la supervivencia a largo plazo del propio país: la gran potencia, ahora amenazada por la competencia global de China y la India, no podrá mantener o incrementar su prosperidad sin permitir la integración y el progreso de esos inmigrantes que ya viven dentro del país pero que están atrapados en un limbo permanente.

Al no poder tener acceso al sueño americano, es decir, lograr alcanzar la comodidad de una clase media que es el objetivo de todo recién llegado, el inmigrante no será el único perjudicado: lo será también la sociedad estadounidense, que verá el efecto negativo en su propia economía y país.

La conclusión es simple: cuando los inmigrantes no pueden regularizar su situación y ascender en la escala social hacia la deseable clase media, que es igual a lograr el sueño americano, tampoco a la sociedad le es posible aprovechar completamente el motor económico y social que ellos proveen, que renueva a las comunidades en decadencia, empuja a otros en la escala social y permite que las anteriores generaciones se retiren, reciban sus pensiones y vendan sus casas.

Estados Unidos está cavando la propia fosa de su prosperidad y abandonando sus tradiciones y principios en el peor momento posible.

Es doloroso ver qué tan poco se aprende del pasado y que se llega a 2012 con una contienda presidencial en la que ahora se discute de nuevo ideas como hacer del inglés el "idioma oficial del gobierno" —un paso totalmente innecesario cuando el inglés ya es el idioma de facto del gobierno y del país— y se considera controversial que un candidato republicano defienda la idea de permitir que jóvenes sin documentos estudien en la universidad.

Entretanto, otros candidatos consideran necesario que todos los inmigrantes se vayan y esperen en fila hasta poder entrar legalmente, pero no ofrecen cambiar las leyes para hacerlo.

Esta afirmación, hecha por el que posiblemente se convierta en el nominado republicano a la presidencia, el ex gobernador de Massachussets Mitt Romney, supone que Estados Unidos no tiene por qué tener contemplación alguna —ni se beneficia en nada— de la presencia de estos millones de inmigrantes que han trabajado, vivido, pagado impuestos y criado familias en este país, como lo hicieron todas las olas de inmigrantes anteriores a ellos.

Como la familia del propio Mitt Romney lo hizo, cuando su tatarabuelo Miles Park Romney escapó a México en el siglo XIX, huyendo de las leyes antipoligamia en su país y donde vivieron también ilegalmente polígamos, ya que en México tampoco era legal serlo, pero a su vez era más fácil ignorar la ley.

Tras veinticinco años de vivir en Estados Unidos y trabajar como periodista experta en leyes de inmigración y en la comunidad latina inmigrante, escribí este libro, que resume mi punto de vista sobre este tema crucial para la nación estadounidense, pero que también es la historia del mundo.

Los políticos se empeñan en que termine el *imán* que atrae a los indocumentados, a los inmigrantes que no caben en los límites legales, pero lo que espero expresar en las páginas que siguen es que el día que se acabe ese imán y con él, los inmigrantes, será el principio del final de los Estados Unidos de América.

PRIMERA PARTE

Veinticinco años de política migratoria: de la amnistía de Ronald Reagan a la persecución de los inmigrantes ilegales

CAPÍTULO 1

La ley de 1986 y la reforma incompleta

Yo creo en la amnistía.
—*Ronald Reagan*

Ronald Reagan, presidente de Estados Unidos entre 1980 y 1988, tiene un estatus sacrosanto en el imaginario del Partido Republicano al que perteneció, donde es idolatrado como líder histórico por excelencia y el mejor y más importante presidente de la era moderna.

Cada cuatro años, los precandidatos republicanos a ocupar la Casa Blanca hacen un peregrinaje casi sagrado a Simi Valley, un suburbio de blancos de clase alta a sesenta y cuatro kilómetros del centro de Los Ángeles, y sostienen allí un debate en el gran salón de la Biblioteca Reagan, a la sombra del avión "Air Force One", en el que se transportara el presidente en su época.

La biblioteca abriga la vida y obra del mandatario —sobre cuyo escritorio había siempre un jarro lleno de caramelos de goma Jelly Belly— quien antes de ser político y convertirse en profeta ultra-conservador, fue actor de Hollywood y líder sindical. Un hombre cuya asombrosa transfiguración hacia lo que ha llegado a ser, un máximo icono del conservadurismo más recalcitrante, comenzó sobretodo después de su fallecimiento en 2004.

Independientemente de todo lo demás que Reagan simbolizara,

y de las muchas controversias, sobretodo internacionales, en que se vio envuelto su gobierno —particularmente su papel en la lucha contra la guerrilla en Centroamérica, y el apoyo a movimientos paramilitares en Nicaragua, El Salvador y Guatemala— el ex presidente es recordado con nostalgia en Estados Unidos por un sector conservador tradicional, que lo considera como un verdadero adalid de su causa.

Pero hay un tema que los admiradores de Reagan prefieren ignorar, o simplemente imaginar que, si hoy viviera, su máximo ídolo político tendría una opinión distinta al respecto y actuaría de un modo diferente a como lo hizo en los años ochenta: su posición frente al problema de la inmigración ilegal o indocumentada.

De hecho, aunque en esos años también existía una corriente política que abogaba por soluciones duras contra los inmigrantes sin papeles, el tono y el cariz de la discusión era muy diferente al de hoy en día.

Para quienes están acostumbrados al duro discurso de los últimos quince años, resulta sorprendente y hasta enervante ver, a través de la distancia temporal y gracias a la magia de Internet y YouTube, un intercambio sobre la inmigración indocumentada entre Ronald Reagan y George H. W. Bush en 1980, durante un debate de las primarias republicanas en las que ambos se enfrentaban en ese momento.

En el debate, un jovencito del público pregunta a ambos precandidatos si creen que los hijos de inmigrantes ilegales deberían recibir educación gratis en las escuelas públicas. La respuesta de Bush, y luego de Reagan, lo deja a uno boquiabierto. Uno casi tuviera la fantasía de que estos dos líderes pudieran aconsejar e influir a los actuales dirigentes de su partido en materia de inmigración.

Dijo Bush: "Me gustaría que se hiciera algo sobre el problema de los inmigrantes ilegales, algo que fuera sumamente consciente de las necesidades laborales del país, y de las necesidades humanas; que este problema que planteas no tuviera relevancia. Esas personas están aquí, por lo tanto, yo diría, un poco a regañadientes, que deberían recibir lo que la sociedad les da a sus vecinos".

A continuación, Bush agrega algo que va al meollo del asunto, una declaración que a pesar de ser 100% consistente con lo que dicen los analistas e historiadores, sería impensable escuchar hoy en boca de cualquier político —y esto incluye a la mayoría de los demócratas, el partido que supuestamente favorece a los inmigrantes.

"El problema es que estamos haciendo ilegal una mano de obra que debería ser legal", dice Bush. "Y con ello hay dos consecuencias: estamos empujando a toda una población de personas honorables, decentes, amantes de su familia, a convertirse en violadores de la ley, y también empeoramos las relaciones con México".

Bush luego agrega: "No quiero ver a un montón de niños sin educación y sintiendo que viven fuera de la ley... éstas son personas buenas, fuertes; parte de mi familia es mexicana". El ahora ex presidente se expresó así con toda la pasión que su carácter más bien pasivo podía permitirle.

A continuación le tocó responder a Ronald Reagan, quien fue el ganador de la contienda presidencial ese mismo año.

"Creo que ha llegado el momento de que Estados Unidos y México tengan una mejor relación que la que hemos tenido hasta ahora. No hemos sido lo suficientemente conscientes de nuestro poder... ellos tienen un desempleo del 40% al 50% y esto no puede continuar sin que veamos problemas más serios al sur de la frontera", dijo Reagan, quien temía que la influencia de Cuba y la pobreza en México formaran una combinación explosiva que trajera una revolución al país vecino.

"En vez de hablar de poner una pared o muro entre nuestros

países, por qué no trabajamos en el reconocimiento de nuestros problemas mutuos, haciendo posible que los mexicanos vengan a trabajar aquí con un permiso de trabajo, paguen impuestos y cuando quieran cruzar lo puedan hacer en ambas direcciones", dijo Reagan.

¿Fue esto real? ¿No habrá sido un error de YouTube? Basta pesquisar el intercambio para llevarse una enorme sorpresa. Resulta por demás asombroso que Reagan estuviera en contra de la idea de un muro fronterizo, y que ambos candidatos pensaran que había que resolver el problema en forma racional. Las vociferantes expresiones que alarmaban a los estadounidenses advirtiéndoles sobre la "destrucción del país" a manos de los indocumentados, todavía no se habían convertido en la línea dominante del discurso político del Partido Republicano, como ocurriría luego en los años noventa y durante muchos años más.

Se hablaba nada menos que de la importancia de la relación con México, y de tener un sistema que permitiera el libre flujo de la mano de obra; es decir, casi una frontera abierta si se quiere, aunque ciertamente regulada. A Reagan le preocupaba más la vulnerabilidad del vecino del sur ante el surgimiento de un movimiento guerrillero como el que había triunfado en Cuba, o como el que se estaba fortaleciendo en Nicaragua, que el efecto que los inmigrantes tuvieran en Estados Unidos. Se daba por sentado que estos eran necesarios, y que su presencia podría ser regulada.

En sus notas diarias, Reagan escribió en 1979 sobre una reunión privada que iba a tener con el presidente de México José López Portillo. Anotó que esperaba "discutir cómo podemos hacer de la frontera algo diferente a un lugar donde erigir un muro".

El mandatario, que años después habría de pronunciar la famosa frase pidiendo la eliminación del muro de Berlín y la caída del comunismo, tampoco veía con buenos ojos la construcción de un muro en la frontera con México; aún cuando también pensaba que la inmigración ilegal estaba fuera de control.

Alan Simpson, ex senador republicano de Wyoming que copatrocinó la legislación inmigratoria de 1986 y quien era amigo de Reagan, declaró hace pocos años en una entrevista con el periódico el *Washington Post*, que Reagan pensaba que "no era correcto que los que venían, incluso ilegalmente, fueran abusados física o económicamente". Peter Robinson, quien trabajó como escritor de discursos para el presidente Reagan, dijo que parte de la filosofía de Reagan, su comprensión de lo que era la esencia de los Estados Unidos de América, era que el país "debía estar abierto a quienes quisieran venir a trabajar y a vivir aquí".

El presidente Reagan no se quedó sólo en palabras en lo que respecta intentar cambios en el sistema migratorio. Fue él quien en 1986 puso su firma en el Acta de Reforma y Control de Inmigración (IRCA, por sus siglas en inglés), que había sido aprobada con apoyo bipartidista en el Congreso. Esta legislación también se conoció como Ley Simpson-Mazzolli (por los dos legisladores, uno republicano y el otro demócrata, que la patrocinaron) y, más popularmente, como la Ley de Amnistía.

Reagan decía sentir especial desprecio hacia los empresarios que "contrataban a estos individuos y les pagaban salarios de miseria, sabiendo que nunca se quejarían por temor a ser descubiertos trabajando ilegalmente". Esto lo dijo, textualmente, en un debate contra Walter Mondale en 1984, cuando batallaba por su reelección.

Esos mismos empresarios habían bloqueado una y otra vez todo intento de crear un sistema de sanciones a empleados, que los castigara por contratar a trabajadores indocumentados.

Nunca en la historia de Estados Unidos se había penalizado a empresario o compañía algunos por contratar a trabajadores sin documentos. No había existido, hasta 1986, un mecanismo en la ley que permitiera castigar a quienes de hecho proporcionaban el mayor incentivo a los inmigrantes para que vinieran a este país: empleos.

Establecer un sistema de sanciones a empleadores era algo que se había intentado desde la década de los cincuenta. El senador demócrata Paul Douglas de Illinois, quien sostuvo este cargo desde 1948 a 1966, propuso las primeras sanciones, las cuales no llegaron a concretarse. En 1972, el congresista Peter Rodino presentó un proyecto de ley en ese sentido, el cual no prosperó. En 1977, el gobierno de Jimmy Carter preparó una ley de sanciones a empleadores, proyecto que fue rápidamente eliminado por James Eastland, congresista de Mississippi y portavoz de la industria agrícola, que desde siempre se opuso a cualquier restricción a la importación de mano de obra barata, por los medios que fueran. Eastland rechazó incluso discutir el proyecto en audiencias en el Congreso.

Pero el flujo de inmigrantes ilegales se mantenía constante, sobretodo después del fin definitivo del Programa Bracero en 1965. Durante veinticinco años, este programa había autorizado la entrada de cientos de miles de mexicanos para trabajar en el sector de agricultura de todo el país y, durante la Segunda Guerra Mundial, en el mantenimiento de las vías ferroviarias.

Fue entonces cuando Edward Kennedy, quien ya para ese momento era senador de Massachussets, propuso una comisión especial que se encargara de estudiar el tema. La idea de Kennedy era "cerrar la puerta de atrás, para que podamos dejar abierta la de delante".

Sophia Wallace, politóloga de la Universidad de Kentucky, recuerda que a pesar de la buena voluntad del presidente Reagan y de otros políticos, hubo resistencia de diversos grupos, de izquierda y derecha, respecto a crear una ley que intentara resolver el problema de la inmigración indocumentada. Pero se hizo un intento valeroso, y el resultado no fue en absoluto desdeñable.

"El informe evaluó todos los datos existente en esa época y llegó a la conclusión de que los inmigrantes seguían teniendo un efecto en general positivo para el país, porque aumentaban el crecimiento económico y la productividad... pero el informe también presentó un aviso importante: la inmigración indocumentada trae problemas e instó a los políticos a hacer algo al respecto", dijo Wallace.

El informe indicó que para resolver el problema de la creciente población indocumentada que vivía al margen de la ley, había que tener en cuenta varios aspectos del asunto.

La Ley de Amnistía incluyó una serie de pautas, algunas de las cuales fueron mejor implementadas que otras: la legalización de los indocumentados, el reforzamiento de la frontera, las sanciones a empresas o empleadores que contrataran a indocumentados, los fondos de asistencia para ayudar a los gobiernos locales —los estados recibieron cuatro mil millones de dólares durante cuatro años para financiar servicios a los inmigrantes que se legalizaban— y un programa de legalización de trabajadores agrícolas.

Dolores Huerta, cofundadora del sindicato agrícola United Farm Workers (UFW, por sus siglas en inglés), junto con el líder agrario César Chávez, señaló que la presión de los congresistas del sur, particularmente los republicanos muy cercanos a la industria agrícola, fue una de las razones clave por las cuales el presidente Ronald Reagan apoyó la versión final de la Ley de Amnistía.

Más de un millón de trabajadores del campo fueron así legalizados, y durante años la agricultura no tuvo problemas de escasez de mano de obra. Se suponía que las condiciones de trabajo en el agro debían mejorar, pero a la larga, los empresarios agrícolas nunca renunciaron a utilizar mano de obra lo más barata posible; y al final buena parte del trabajo volvió a manos de contratistas que proporcionaban mano de obra indocumentada.

En total, tres millones de indocumentados se beneficiaron de la famosa Ley de Amnistía; sin embargo, actualmente sus críticos consideran que esta fue un fracaso porque no detuvo la llegada de más indocumentados. Dos de sus autores, Alan Simpson, ex senador republicano de Wyoming, y Romano Mazzoli, representante demócrata de Kentucky, hoy retirados, publicaron un artículo en el periódico el *Washington Post* en 2006 explicando las razones por las cuales, según ellos, la famosa Ley de Amnistía no funcionó como se había esperado: "Estamos convencidos de que los defectos de la ley no se debieron a mal diseño, sino a la falencia política de gobiernos, tanto demócratas como republicanos, en aplicar la ley como debieron haberlo hecho".

Según el artículo, la parte más exitosa de la amnistía fue la legalización de tres millones de indocumentados, una población que de estar sumidos en la clandestinidad y sujetos a abusos, pasaron a ser parte integral del sistema social y laboral estadounidense. Estudios posteriores han revelado que la legalización también trajo consigo mejoras en las condiciones económicas y sociales de estos individuos, y un alivio de las condiciones de explotación en que se encontraban, un problema que generalmente tenía que ver con el pago de ínfimos salarios por parte de diversos grupos empresariales.

Pero, según los ex legisladores, el gobierno federal tardó por lo menos diez años en comenzar a invertir la cantidad de dinero necesaria en control fronterizo, lo cual hacía falta para mejorar la que por entonces era una frontera bastante porosa. A su vez, grupos de izquierda y derecha se opusieron al desarrollo de un sistema de "identificación nacional", que hubiera sido necesario presentar para obtener trabajo o beneficios laborales.

"Tras dos décadas, ese sistema aún no está funcionando y en vez de eso, se autorizó el uso de una larga lista de documentos que debieron ser aceptados sólo temporalmente, lo cual generó una industria clandestina de documentos falsos que aún hoy en día está floreciente", señalan en el artículo.

Ese fue el problema clave de la aplicación de la amnistía: las sanciones para empleadores, por primera vez en la historia contenidas en una ley federal, carecían de las herramientas para funcionar eficientemente, y fueron atacadas por la derecha y por la izquierda del mundo político.

Desde la derecha, se les criticaba por supuestamente constituir una excesiva regulación de las actividades empresariales, y un control artificial del mercado laboral, que parecía contrario a todos los principios del libre mercado bajo los que funciona Estados Unidos.

Desde la izquierda, se insistió en que las sanciones a empleadores eran discriminatorias porque hacían que las empresas se concentraran en pedir papeles a las personas según el color de su piel. En efecto, hubo más de un estudio que demostró la existencia de este tipo de "perfil racial" en aquellos años.

Desde el punto de vista libertario —una corriente muy integrada a la política estadounidense que viene desde la colonia, basada en la idea de que la libertad consistiría en tener un gobierno lo menos intervencionista posible— hubo férrea oposición al uso de un Documento Nacional de Identidad, común en otros países, pero que jamás ha existido en Estados Unidos.

Este documento único hubiera sido preferible, argumentan los autores de la Ley de Amnistía, a la lista de docenas de documentos aceptables para comprobar la nacionalidad y elegibilidad de empleo de una persona que busca un trabajo. Y esa habría sido una de las razones clave de la inoperancia de esta ley.

La ley de sanciones a empleadores que se aplicaba hasta ese momento era una norma de 1952, que sancionaba la presencia ilegal de una persona en el país sin autorización expresa, pero permitía la contratación de personas en esas condiciones, sin sanción alguna para los empleadores.

Sin embargo, en la práctica, el estándar de cumplimiento de las leyes para evitar las sanciones a empleadores era tan laxo que las empresas sólo tenían que demostrar que habían llenado los formularios I-9 (creados por dicha ley), detallando la información del empleado y los documentos.

El resultado fue el que era de esperarse: al mantenerse la disponibilidad de empleos para los inmigrantes sin documentos, continúo la inmigración indocumentada, sobretodo en temporadas de expansión económica.

La Ley de Amnistía tampoco incluyó ningún mecanismo flexible que permitiera adaptar las leyes a las necesidades económicas del momento, sino que preservó las cuotas fijas en diversos programas para trabajadores, aunque sin un sistema que adaptara ese flujo a las necesidades económicas del país.

Varios respetables estudios han confirmado que no hay muro fronterizo, ni cantidad de agentes uniformados, que puedan detener el flujo de inmigrantes si el estímulo de los empleos continúa existiendo y mientras un país con grandes cantidades de pobres tenga una frontera, a lo largo de miles kilómetros, con un país rico —hasta ahora el más rico del mundo, aunque esa corona vaya en declive.

Pero los políticos que buscan una solución fácil para todo, cuando de ganar votos se trata, continúan fomentando la ilusión en los estadounidenses de que la solución del problema del flujo ilegal migratorio es de tipo policial. "Hay que controlar la frontera, y yo sé cómo hacerlo", profieren todos, repitiendo hasta el cansancio la misma inútil fórmula.

Como otros experimentos de la historia lo han demostrado, ningún muro, por más controlado que esté (pensemos en el muro de Berlín, que entre 1961 y 1980 dividió a esa ciudad y a las dos Alemanias de entonces, la oriental comunista y la occidental democrática), puede impedir el paso de quien esté suficientemente desesperado o motivado para cruzarlo.

"Muéstrame un muro de treinta pies de alto y aparecerá una escalera de treinta y un pies", ha reiterado a menudo Bill Richardson, ex gobernador de Nuevo México, alto funcionario del gobierno del presidente Bill Clinton, y precandidato a la presidencia en 2008. "Esa pared jamás funcionará".

Sin embargo, el gobierno de Estados Unidos se ha dedicado, especialmente durante los últimos quince años, a solamente impulsar medidas de control fronterizo que, aunque necesarias, no han sido suficientes para resolver el problema de fondo, sobretodo porque dentro de las fronteras de nuestro país ya viven millones de personas sin documentos, muchas de las cuales ya están tan integradas a la vida económica y social del país, que sería muy difícil erradicarlas del mismo sin causar enorme daño a sus comunidades.

En este contexto, la Ley de Amnistía de 1986 fue el último grande y valiente intento de encarar el problema en forma comprensiva. No obstante, no resultó ser la enchilada completa, porque a la hora de aplicarla, faltó voluntad política para realmente apretar las tuercas a los empleadores del país y castigarlos con sanciones que en verdad les hubieran afectado.

En la práctica, el contratar a indocumentados siguió siendo una modalidad que ofrecía más ganancias que costos, y por eso ha seguido imparable a lo largo de los años.

CAPÍTULO 2

California lanza la primera piedra

Si el flujo de su importación no se puede detener, muy pronto serán mayores a nosotros en cantidad y no podremos mantener nuestras ventajas, nuestro idioma y ni siquiera nuestro gobierno. ¿Por qué debe Pennsylvania, fundada por los ingleses, convertirse en una colonia de extranjeros que pronto serán tan numerosos que en vez de ellos volverse más anglos nosotros terminaremos germanizados?

—De una carta de Benjamin Franklin,
uno de los padres fundadores de Estados Unidos,
sobre los inmigrantes alemanes

A finales de 1993, un grupo de variopintos personajes se reunieron en un restaurante mexicano en Orange, California, y allí formaron un grupo que sería conocido por las siglas internacionales de petición de auxilio, SOS, llamado Save Our State (Salvemos Nuestro Estado).

Pocos meses después, SOS terminaría por presentar al Secretario de Estado de California una iniciativa para la boleta estatal de California que con el tiempo se llamaría Proposición 187, la cual habría de sacudir la política nacional hasta sus cimientos.

Ni siquiera ellos sabían hasta que punto su mínima iniciativa, que fraguaron en ese día a fines de 1993 entre platos de comida mexicana —cocinados y servidos también, seguramente, por personas de esa nacionalidad—, se convertiría en la punta de lanza

14

para tantas medidas contra los indocumentados, que seguirían durante los próximos años, y plantarían las semillas de un profundo cambio en las actitudes de la política contemporánea hacia los inmigrantes en general.

En ese momento estaba por generarse la "tormenta perfecta", una serie de circunstancias en la política estatal, nacional y global que proyectarían un nuevo modelo en la actitud hacia la inmigración, que tantos altibajos había tenido en la historia de Estados Unidos.

En este país, formado originalmente por colonos europeos que vinieron en diversas oleadas a lo largo de cientos de años —y que se adueñaron de las tierras que hasta entonces habían sido ocupadas desde la prehistoria por poblaciones autóctonas—, cada nueva ola de inmigrantes, y los cambios que estas generaban, iba casi siempre acompañada de nuevos intentos legales para limitar, regular o excluir a los advenedizos, considerados como una amenaza para los que ya estaban aquí.

Los sentimientos antiinmigrantes variaban con los años, y dependiendo de la situación económica del momento, resurgían con mayor o menor fuerza, y eran aprovechados por los políticos, y algunos otros buscadores de fortuna o reconocimiento público.

Alemanes, chinos, irlandeses, italianos, cada nueva ola de inmigrantes trajo consigo una reacción en la sociedad establecida en Estados Unidos, en particular en tiempos de dificultades económicas.

Lo ocurrido a mediados de los años noventa del siglo XX no parece ser en absoluto diferente a esas anteriores olas nativistas: una mezcla de preocupación por la situación económica, con intereses políticos y económicos, y temor al cambio demográfico que ya a mediados del siglo XVIII expresaba Benjamín Franklin, uno de los Padres de la Patria, respecto a los inmigrantes alemanes, que se contaban en casi un 30% de la población de Pennsylvania, uno de los primordiales estados de la Unión.

Franklin escribió: "Estos que vienen son de lo más ignorante y estúpido de su nación, y como muy pocos ingleses entienden el alemán, no se les puede hablar por medio de la imprenta o del púlpito, por lo que resulta imposible eliminar los prejuicios que ellos tienen… no están acostumbrados a la libertad, no saben usarla".

"Si el flujo de su importación no se puede detener, muy pronto serán mayores que nosotros en cantidad y no podremos mantener nuestras ventajas, nuestro idioma y ni siquiera nuestro gobierno", agregaba Franklin.

Suena del todo familiar. Pero los historiadores sugieren que el verdadero problema de Franklin con los alemanes no era precisamente que los considerara una amenaza para la nación, sino que le había ido mal con su negocio de imprenta de publicaciones en idioma germánico, en particular con el primer periódico en idioma alemán que él publicó en 1732, el *Philadelphische Zeitung*, que fracasó después de un año.

Exactamente lo mismo ocurre con los nativistas del siglo XX: todo el mundo tiene su interés personal, y quien puede, lo convierte en política pública. En 1994, ese grupo reunido en el restaurante mexicano del condado de Orange, California, incluía varios personajes cuyas historias personales y prejuicios los habían convocado allí ese día.

Uno de los presentes era Ron Prince, un contador público de cuarenta y seis años, de Tustin, California. Según todos los informes de prensa que de su persona se hicieron en aquellos meses, Prince había trabajado en un negocio familiar en Downey, una pequeña ciudad del sur de California, pero una vez que lanzó la idea de una iniciativa electoral para quitar servicios públicos a los inmigrantes ilegales, se dedicó en cuerpo y alma a esa campaña.

De hecho, tras el éxito de la Proposición 187 en las elecciones de noviembre de 1994, Prince hizo carrera durante años con discursos sobre esa medida en diversos puntos del país, y subsecuentes intentos de aprobar otras iniciativas, como la fallida "hija de la 187", que no pudo calificar en 1996.

Durante años, Prince continuó en su empeño —su último intento fue en 2006—, pero nunca volvió a tener el éxito de 1994, ni tuvo ningún otro tipo de figuración política de importancia.

Sin embargo, en aquel momento California vivía una recesión que aunque ya había terminado en el resto del país, continuaba en el estado dorado: el final de la guerra fría causó el cierre de bases militares y recortes en el sector aeroespacial y de defensa a principios de los años noventa, y ello afectó principalmente a California, uno de los estados que más se benefició de ese gasto en las décadas anteriores.

A finales de los ochenta se perdieron ochocientos mil empleos en California, se derrumbó su mercado inmobiliario y, por primera vez en memoria reciente, oficialmente había más gente saliendo que entrando en el antes próspero estado. Un déficit presupuestal de quince mil millones de dólares obligó a subir los impuestos.

El ambiente no era el más dichoso, y no era difícil imaginar que la inmigración récord experimentada durante la década anterior, tanto legal como indocumentada, era motivo de preocupación para muchos californianos. La población de California estaba diversificándose cada vez más, y se proyectaba como la de más rápido crecimiento demográfico, en buena parte debido a la llegada de inmigrantes.

Eso molestaba muchísimo a Barbara Coe, otro de los personajes que estuvo presente en aquella cena, que adivinamos estuvo nutrida de guacamole, salsa mexicana y unos buenos tamales, o quizá algunos tacos pasados con unas cuantas margaritas en las rocas —un menú tan familiar para los residentes de California como las famosas hamburguesas o los perros calientes.

Coe contó muchas veces públicamente que un día entró a una oficina de servicios sociales del condado de Orange y observó que había ventanillas para gente que hablaba español y otras para el idioma vietnamita, pero que la ventanilla para el idioma inglés estaba cerrada. La imagen que describía era de una especie de "naciones unidas" con "muchas mujeres embarazadas y el sonido de múltiples idiomas".

Al parecer, en ese momento Coe, quien para entonces ya tenía sesenta años y estaba a punto de retirarse de su trabajo en el Departamento de Policía de Anaheim, se juró que iba a luchar en contra de los inmigrantes ilegales que, según le comentó una trabajadora de la oficina, recibían más beneficios que algunos ciudadanos.

Las personas sin documentos, por ley, no pueden recibir más que servicio de salud de emergencia y, en California, cuidado y atención prenatal y de parto. Cada estado es libre de ofrecer o no determinadas coberturas de salud, basándose en sus recursos y en sus necesidades de salud pública.

En cuanto a la educación, es un mandato constitucional. Según la decisión de la Corte Suprema de Justicia en el caso Plyler vs Doe de 1982, ningún estado puede negar a los niños indocumentados la misma educación pública y gratis que otorga a todos los demás. Se considera que los hijos no tienen la culpa de las decisiones de sus padres, y que la educación básica es demasiado importante para la sociedad, como para permitir la exclusión sumaria de una categoría de menores.

Además, los padres indocumentados de hijos nacidos en Estados Unidos pueden recibir beneficios como cupones de alimentos y WIC (ayuda para madres con hijos, esencialmente, alimentación).

18

Eso era más de lo que Coe podía tolerar.

Coe tenía un amigo, de nombre Bill King, ex agente del Servicio de Inmigración y Naturalización (INS, por sus siglas en inglés) que también se había autoasignado como misión "hacer algo para detener a los ilegales". Muy pronto iniciaron un grupo al que bautizaron Citizens for Action Now (Ciudadanos por la Acción Ahora), y comenzaron a reunirse con personas con ideas similares a las de ellos.

Fue así como Coe y Prince se conocieron, y la química entre ellos fue inmediata. Prince, como Coe, contaba una historia de experiencia personal que lo llevó a la lucha sin cuartel contra los indocumentados. El repetido mito es que un inmigrante ilegal canadiense que fue su amigo y socio lo había estafado. Nunca quedó claro quien había estafado a quien ya que, según los documentos, hubo una disputa legal entre él y un ex socio, que hasta donde se sabe vivía legalmente en el país desde los años sesenta.

Lo que estaba claro era que Prince tenía la idea de una iniciativa electoral para castigar a los indocumentados por su presencia en California. Fue en aquella reunión en el restaurante mexicano algún tiempo después de conocerse que Prince, Coe y King formaron una nueva organización y llamaron a su movimiento SOS.

Muy pronto se unieron personas de mayor calibre político, como el asambleísta Richard Mountjoy, republicano de Arcadia, y un par de ex altos directivos del INS con historiales plagados de controversia: Harold Ezell y Alan Nelson.

Nelson tenía lazos con una organización llamada FAIR (Federación de Americanos por la Reforma Migratoria) un grupo restriccionista, que no sólo favorece la expulsión de todos los indocumentados, sino también limitaciones a la inmigración legal, y tiene nexos a la supremacía blanca en sus orígenes.

Ezell tuvo sus problemas cuando fue comisionado regional de

19

inmigración en los años ochenta, pues comentó públicamente que a los mojados había que "agarrarlos, despellejarlos y freírlos". Ezell decía que los californianos apoyarían a la Proposición 187 porque "están cansados de que su estado luzca como un país del Tercer Mundo".

Todo eso después de que Ezell, mientras se ganaba el pan como comisionado regional del INS, se había puesto sombreros de charro para promocionar la Ley de Amnistía de 1986 entre las comunidades latinas.

El mencionado grupo no tenía los recursos necesarios para montar una campaña estatal seria pero, por suerte para ellos, la medida recibió el apoyo de un muy importante funcionario con hondos bolsillos y muy buenas conexiones políticas: el gobernador Pete Wilson.

Wilson, tras cuatro años como gobernador en medio de la severa recesión económica de principios de los noventa, tenía su popularidad por el suelo. Según un artículo de la revista *California Journal*, el gobernador de California se había convertido en el "más impopular en la historia de las encuestas modernas". Su nivel de aprobación llegó a ser del 15%.

La decisión que cambió todo para Wilson fue la de respaldar la medida que estaba impulsando el grupo del condado de Orange. Era la ocasión para arroparse con una capa de conservadurismo y exacerbar las bajas pasiones de la base de su partido —que nunca lo había considerado uno de los suyos.

Wilson, quien había sido alcalde de San Diego y luego senador de California, favorecía el derecho de las mujeres al aborto, y en años anteriores se había aliado con grupos de agricultores para facilitar la importación de trabajadores agrícolas de México; pero sobretodo, había aumentado los impuestos para combatir el déficit, y no era un conservador recalcitrante, sino un político pragmático.

Por aquel entonces, la derecha cristiana controlaba buena parte del Partido Republicano de California y odiaban tanto a Wilson que durante una famosa convención estatal de su partido, se realizó una quema pública de su efigie para que todo el mundo presenciara el desprecio que sentían por él.

Todo esto habría de pasar a un segundo plano una vez que Wilson adoptara la Proposición 187 como su caballito de batalla para ganar la reelección, e insistiera que todos los problemas de California tenían una solución, o al menos un primer paso hacia la misma: eliminar la educación y la atención sanitaria para la población indocumentada del estado, que para entonces pasaba del millón de personas.

De la 187 a la nueva frontera

La Proposición 187 triunfó en la boleta electoral de noviembre de 1994 por un margen de 63% a favor y 37% en contra. Las encuestas de salida revelaron que el único grupo étnico que votó cohesivamente en contra fue el de los votantes latinos, que se opusieron a la medida por un intenso 77% en contra, y 23% a favor.

Era obvio que estos votantes veían la Proposición 187 como una agresión específicamente antilatina, en particular porque Wilson enfocó sus comerciales en las imágenes de indocumentados entrando por la frontera con México. Pero el voto de la comunidad latina ciudadana no fue suficiente para contrarrestar el apoyo de 63% de los blancos. Los negros y asiáticos votaron en forma dividida y tenuemente en contra: 47% a favor y 53% en contra.

Curiosamente, las partes del estado más acostumbradas a la diversidad, por ejemplo San Francisco, Alameda y Los Ángeles, fueron las más opuestas a la 187. Con esta elección, Wilson logró hacerse reelegir fácilmente, barriendo a la que antes parecía una formidable opositora, Kathleen Brown, hermana e hija de legendarios ex gobernadores demócratas.

Y todo gracias al sentimiento antiinmigrante que se despertó con fuerza en aquella California de mediados de los noventa, aún ambigua respecto a sus cambios demográficos y la incierta economía. Pero esta decisión tendría sus consecuencias para Wilson, los republicanos y también para los inmigrantes a nivel nacional.

Los primeros en lanzar la voz de alarma fueron dos respetados conservadores y republicanos, quienes deploraron la Proposición 187 y hablaron por encima de los abucheos del partido, ahora lleno de energía contra un enemigo común: los inmigrantes.

William Bennett y Jack Kemp, dos ex secretarios de gabinete de los gobiernos de Reagan y Bush padre, unieron sus voces justo antes de la elección de noviembre de 1994 para oponerse a la Proposición 187, y con la perspectiva de los años que han pasado, para advertir sobre las consecuencias que ésta habría de tener en la sociedad estadounidense. Los dos líderes conservadores condenaron la propuesta como "engañosa, fallida, constitucionalmente cuestionable y desconectada de nuestra historia".

Kemp, un ex secretario de vivienda que entonces se preparaba para la candidatura presidencial de 1996 —terminó siendo el candidato a vicepresidente junto con Bob Dole—, probó que sabía predecir el futuro político de un tema controversial al alertar a su partido de lo que habría de pasar. "Me preocupa que si esto se aprueba en California, surgirá en otros estados, y habrá quienes quieran ponerlo en la plataforma del partido en 1996", dijo. "Corroerá el alma del partido".

Bennett, considerado un ultraconservador, que había sido secretario de educación en el gobierno de Ronald Reagan, fue un poco más lejos: "Una vez que algo así empieza, se comienza a pintar todo con el mismo pincel… es una iniciativa errada, pero también va a convertirse en la etiqueta de todos los inmigrantes; se convertirá en una guerra de colores y de razas. Es mala cosa. Es un veneno de la democracia".

Ambos veían, además, un peligro y amenaza contra su ideología conservadora, algo que el resto de su partido ha fallado en reconocer en las siguientes dos décadas: una expansión del poder gubernamental, un alcance tipo Gran Hermano de parte del gobierno, al convertir a maestros y enfermeros y otros empleados locales en agentes de inmigración, es un paso profundamente anticonservador.

El resto del partido se mofó de la posición de Kemp y Bennett. A Kemp lo criticaron y abuchearon durante una presentación en la Biblioteca Richard Nixon unas semanas después. Algunos republicanos los acusaron de aliarse con Bill Clinton y los demócratas, que oficialmente se habían opuesto a la medida.

Pero todo lo que ellos predijeron fue exactamente lo que ocurrió. Mientras que la mayor parte de la Proposición 187 nunca entró en vigor puesto que fue coartada por demandas judiciales y decisiones de los tribunales, el veneno del nativismo se prendió como si la política se hubiera empapado en gasolina y alguien le hubiera arrojado una chispa ardiente.

A medida que otros estados, con el tiempo, buscaron imitar la iniciativa, desde la Casa Blanca se buscaba una manera de cortejar a los independientes de California y de acallar las voces, cada vez más fuertes, que argüían sobre el peligro de los inmigrantes indocumentados para la nación.

Además, la Casa Blanca de Clinton anticipaba lo que en efecto ocurrió luego: un aumento de la inmigración ilegal como consecuencia de las políticas del Tratado de Libre Comercio de Norteamérica (TLC o NAFTA, por sus siglas en inglés) y el desplazamiento de miles de campesinos mexicanos. La propia comisionada de inmigración Doris Meissner lo reconoció públicamente, aunque argumentó que el aumento sería temporal.

Una cosa y la otra se combinaron con la filosofía conservadora demócrata de Bill Clinton para dar paso a una serie de operativos fronterizos, comenzando en California con la Operation Gatekeeper (Operación Guardián), inaugurada justo antes de las elecciones en las que se aprobó la Proposición 187.

La Operación Guardián fue quizá el inicio del reforzamiento moderno de una frontera que por años estuvo mediocremente resguardada y que en la práctica funcionaba como una puerta medio abierta. En cuestión de dos años, el presupuesto del INS se duplicó, al igual que el número de Patrulleros Fronterizos. Se comenzaron a instalar rejas y otras barreras en zonas de la frontera, en particular en la más transitada entre San Diego e Imperial Beach y San Ysidro. También se inyectaron fondos y recursos en el interior del país para atrapar a indocumentados y coyotes o polleros, que son los traficantes de seres humanos.

El flujo de indocumentados hacia el Norte, lejos de detenerse en medio de un nuevo auge económico en Estados Unidos, se desplazó a zonas más peligrosas de los desiertos y las montañas de Arizona. Comenzó a saberse del aumento de muertes en el cruce y el negocio de los traficantes de humanos devino más lucrativo.

En plena campaña electoral, el presidente Bill Clinton inició una tradición que habría luego de repetir otro demócrata que gobernaría años después, Barack Obama. *Pro inmigrante por fuera, duro contra los indocumentados por dentro*, sería el lema no escrito de ambos demócratas. Clinton se opuso a la Proposición 187 y la denunció, pero en su afán por obtener una coartada política, recurrió fuertemente a prácticas restriccionistas.

Los operativos de aquellos años dejaron una estela de muerte.

Nunca había sido más peligroso cruzar desde México hacia Estados Unidos. La inmigración ilegal no se redujo, sino que se modificó hacia zonas remotas y peligrosas, por las Montañas de Otay hacia el desierto, con picos elevados y helados en invierno, y desiertos calcinantes en verano.

La jefa del INS, Doris Meissner, dijo en aquel entonces que el plan era desalentar la inmigración "teniendo a la geografía como aliada". Lo primero no ocurrió, pero sí lo segundo. A partir de esos operativos se duplicaron las muertes *oficiales* de migrantes en el cruce y se calcula que sólo entre 1998 y 2004 llegaron casi a dos mil. En 1990, sólo nueve migrantes fallecieron en el trayecto. Desde que se instituyó la nueva frontera a mediados de los años noventa, por lo menos cinco mil migrantes han fallecido.

El flujo de indocumentados por Arizona, con el tiempo, también tuvo otro efecto: crear un sentimiento antiinmigrante cada vez mayor, que terminó por convertir al estado en protagonista de la primera ley estatal que intentó regular la inmigración como si de una nación se tratara.

Lo que vino después era lo que Bennett y Kemp habían anticipado: un veneno que se regaría a todos los rincones del país, y que haría virtualmente imposible tener una conversación razonable sobre inmigración durante, por lo menos, las próximas dos décadas.

CAPÍTULO 3

El viejo y el nuevo nativismo: harina del mismo costal

La gente trabajadora de América no se encuentra en condiciones prósperas, y hay muchos que no tienen empleo. Nos gustaría poder ofrecer cobijo a las personas sufridas de todas las naciones, pero dadas las circunstancias, la masiva inmigración del viejo mundo no es la bendición que antes se pensó que era.

—De una columna del New Orleans Picayune
en la década de 1880

Apoyamos con entusiasmo todos los esfuerzos legítimos para prevenir que se utilice a Estados Unidos como un vertedero de toda la basura, de los criminales y pobres profesionales de Europa, y demandamos la rígida aplicación de las leyes contra la inmigración china y la importación de trabajadores extranjeros bajo contrato, que tienen como objetivo degradar la mano de obra americana y bajar sus salarios.

—Plataforma del Partido Demócrata en 1892

Favorecemos la aprobación de leyes más estrictas y regulaciones para restringir la inmigración de criminales, indigentes y trabajadores bajo contrato.

—Plataforma del Partido Republicano en 1892

Aún recordamos el momento, muy cercano en la memoria, cuando se decía que los inmigrantes eran una clase no deseada y ahora ellos y sus descendientes están entre nuestros mejores ciudadanos.

—Presidente Grover Cleveland, de su mensaje de veto a la ley que,
entre otras medidas, impedía la entrada al país de personas
analfabetas para excluir "indeseables", en 1897

26

Entre 1836 y 1914, unos treinta millones de europeos inmigraron a Estados Unidos, que entonces no tenía límites a la inmigración y aceptaba prácticamente a todos los que llegaban en buques trasatlánticos provenientes del Viejo Continente.

Hasta ese momento, la nación no había restringido numéricamente a los inmigrantes, con la única excepción de los chinos, que tienen el dudoso honor de ser la única nacionalidad para la cual el Congreso de Estados Unidos expidió una ley especial, en 1880, con el fin de excluirlos e impedir su naturalización.

Los trabajadores chinos que comenzaron a inmigrar a mediados del siglo XIX, atraídos por los empleos disponibles en la construcción del Ferrocarril Transcontinental y por la Fiebre del Oro del oeste, fueron vistos como un lastre y como competidores por los empleos de baja remuneración una vez se terminó la construcción del ferrocarril y las minas de oro comenzaran a agotarse.

Tal fue, por el momento, la única restricción existente a la inmigración abierta que existió durante más de un siglo en Estados Unidos, hasta que por primera vez el Congreso puso límites numéricos y cuotas a la inmigración en 1924. Técnicamente, entonces, no existía la inmigración ilegal, pues todo el que llegaba —con excepción de los enfermos graves— era admitido.

Según inscripciones históricas en las paredes de la legendaria Ellis Island, puerta de entrada para millones de inmigrantes en siglos anteriores, el 97% de los que llegaban por mar eran admitidos legalmente. Tener ancestros llegados en aquellos años y declarar que eran "legales", para diferenciarlos de los actuales, es una barbaridad histórica, pues no existía la inmigración ilegal.

Pero la sensación de que las diferentes olas de inmigrantes traerían la desgracia al creciente país había ocurrido en diferentes momentos de la historia, y siempre de parte de los que habían llegado y se habían establecido antes, hacia los nuevos inmigrados.

A mediados de siglo XIX, por ejemplo, surgió el Know Nothing (Saber Nada), un movimiento político de protestantes anglosajones que veían una amenaza en los inmigrantes alemanes e irlandeses católicos. El grupo intentó restringir la inmigración y sólo permitía la membresía de hombres protestantes y de linaje británico.

Hacia 1880, junto con una serie de recesiones que agobiaron al país desde 1882, surgieron los intentos más serios de restricción hacia ciertos tipos de inmigrantes: los del sur y el este de Europa (Italia, Hungría, Rusia), un inmigrante diferente al que llegara antes (inglés, alemán, nórdico).

En 1894, se formó la Immigration Restriction League (Liga de la Restricción de Inmigración), especialmente para oponerse a lo que llamaban los "inmigrantes indeseables" del sur y este de Europa, por supuestamente amenazar el estilo de vida americano y comprimir los salarios. La preocupación de la liga era que los inmigrantes traían pobreza y delincuencia organizada, en tiempos de alto desempleo.

Precisamente a este grupo pertenecía Francis Walker, el superintendente del Censo de Estados Unidos y presidente de la prestigiosa institución universitaria MIT. Según explica la profesora de historia de la Universidad de Columbia, Mae Ngai, en su libro *Impossible Subjects: Illegal Aliens and the Making of Modern America*, Walker era un darwinista social que creía que había inmigrantes buenos e inmigrantes malos, pero no porque unos fueran criminales y los otros ciudadanos de bien, sino más bien por prejuicios contra los orígenes nacionales de algunos de ellos. "Él pensaba que los inmigrantes de Italia, Hungría, Austria y Rusia eran vastas masas de campesinos, degradados más abajo de lo que podemos imaginar, hombres derrotados que representan el peor fracaso en la lucha por la existencia".

El siglo XIX, sobretodo a mediados y finales, había sido un período de populosa inmigración; pero los inmigrantes anteriores comenzaban a preguntarse si no era ya suficiente que tanta gente pobre viniera a buscar su tierra de oportunidades aquí. Estados Unidos estaba industrializándose y creciendo prósperamente, aunque aún estaba lejos de tener el poder económico que luego habría de alcanzar.

Por otra parte, grupos cabilderos, como la Liga de Restricción de Inmigración, ejercían influencia sobre políticos del Congreso, y organizaciones, como los sindicatos, apoyaban cambios en las leyes y reglamentos sobre la inmigración.

No había entonces inmigrantes legales o ilegales, pero comenzaba a pensarse en categorías de *deseables* e *indeseables* y a los indeseables se les catalogaba como tal por su nivel de pobreza, educación y origen, y por el efecto que supuestamente tenían en los salarios y la economía del país.

La profesora Ngai, en una entrevista para este libro, equiparó el actual proceso histórico de sentimientos antiinmigrantes —que comenzó a mediados de los años noventa— con el ocurrido a finales del siglo XIX y principios del XX.

"De muchas maneras, el período que ahora vivimos es similar a lo de entonces. En ambas épocas hubo una gran entrada de inmigrantes que era vista como diferente a la que vino antes. Se les acusaba de no aprender inglés, ser sucios, traer delincuencia y enfermedades, y de no querer asimilarse", dijo la historiadora.

El correr de los años ha demostrado que aquellos temores eran infundados, y que todas esas temidas olas de inmigrantes *diferentes* han tenido su proceso de integración, y han llegado a formar parte de Estados Unidos, contribuyendo cada quien lo suyo a su progreso.

Hoy en día, los críticos del tema hacen distinción entre los inmigrantes de antes y los de hoy, y entre la inmigración legal e ilegal. "Mis ancestros vinieron legalmente a este país" es un argumento común en las discusiones sobre los inmigrantes aceptables y los que no lo son.

No obstante, la inmigración ilegal no existía antes de 1921 y 1924, cuando se aprobaron leyes que establecían cuotas de inmigración, dedicadas principalmente a limitar la entrada de judíos, italianos y eslavos que comenzaban a ser muy numerosos.

Las cuotas establecidas por las leyes en aquellos años enfatizaban y promovían la inmigración de los países cuyos nacionales se consideraban de raza blanca, y había inmigrantes que eran inelegibles debido a su raza.

En esos años se instituyeron las primeras disposiciones para la deportación de extranjeros, y en la práctica, se crearon los primeros inmigrantes ilegales. En cuanto a la frontera con México, estaba virtualmente abierta y el paso era irrestricto, ya que toda la atención estaba puesta en los inmigrantes indigentes de Europa.

Según Ngai, en su libro de historia sobre la inmigración ilegal, durante las dos primeras décadas del siglo XX, los inspectores de inmigración ignoraron a los mexicanos que cruzaban por la frontera suroeste de Estados Unidos. La mayoría de ellos venía a trabajar en los ferrocarriles, la minería y la agricultura.

"El Buró de Inmigración no consideraba seriamente a la inmigración mexicana como parte de su trabajo sino una situación regulada por las demandas del mercado laboral de los estados fronterizos del suroeste… La ley de inmigración de 1917 dobló el costo del impuesto de entrada e impuso una prueba de alfabetización, pero la entrada ilegal fue poca ya que el Departamento del Trabajo eximió a los mexicanos de estos requisitos durante la Primera Guerra Mundial", explica Ngai.

Un siglo después

Desde entonces, dependiendo del momento histórico, la ciudadanía y las leyes han fluctuado en su actitud hacia los inmigrantes. La ola de leyes severas contra el inmigrante ilegal que comenzó a mediados de los años noventa del siglo XX también tuvo una combinación de razones económicas, raciales y políticas.

Los argumentos han cambiado poco. Aunque hoy en día los críticos se apoyan en la ilegalidad de los inmigrantes que entran sin autorización, los sentimientos eran exactamente los mismos cuando aún no existía la inmigración ilegal. Los cambios demográficos o el temor a ellos, el miedo a que se diluya la cultura local, la forma de vida americana, la competencia por trabajos, la depresión de salarios, las enfermedades o el caos social que los indocumentados presuntamente traen consigo, son los mismos de tiempos anteriores, pero actualizados para el mundo moderno.

Y los políticos de hoy usan estos argumentos con fruición.

"Por supuesto que somos una nación de inmigrantes, y nuestra generosidad hacia los inmigrantes continuará. Pero nuestro sistema de leyes está quebrantado y debe componerse. Cuando un 40% de los nacimientos en hospitales públicos en el estado de California son de ilegales, cuando la entrada de ilegales extranjeros a nuestro país, cada tres años, podría poblar la ciudad de Boston o Dallas o San Francisco, cuando la mitad de los cinco millones de ilegales usan documentos falsos para obtener trabajos y beneficios sociales, no es un problema, es una crisis", escribió el congresista Lamar Smith en 1996, en un artículo de opinión que fue difundido por varios medios.

En resumen, se trata de tres viejos argumentos. Los inmigrantes —en esta ocasión, los ilegales— son demasiados, son delincuentes y se aprovechan de los beneficios públicos. Podría decirse que es una orgullosa tradición de la política estadounidense fluctuar entre el respeto a la tradición inmigrante —la de antes, principalmente— y la inmigración inaceptable de ahora —la del momento que fuera. Y, sin embargo, las soluciones que se han recetado no han servido para curar la enfermedad del llamado *problema* de la inmigración. Si es que alguna solución existe, lo cual es debatible.

El congresista Smith fue el principal autor de la Ley de Reforma de la Inmigración Ilegal y Responsabilidad del Inmigrante (IIRAIRA, por sus siglas en inglés) aprobada en 1996. Después del éxito de la Proposición 187 en California, y el despertar de la veta antiinmigrante tocada por el gobernador Wilson como camino al éxito político (aunque casi toda la 187 fue invalidada por los tribunales, Wilson logró su reelección, la obvia prioridad política del momento), otros políticos siguieron su ejemplo.

"El gobernador Wilson y los ciudadanos de California que apoyaron la 187 querían mandar un mensaje al gobierno federal de preocupación por la inmigración ilegal y el mensaje llegó a los federales", señala el profesor Kevin Johnson, decano de la Escuela de Leyes de la Universidad de California en Davis, quien ha estudiado a fondo el tema de las leyes de inmigración.

En 1996 había otro elemento adicional: el político. Dos años antes, en elecciones de mitad de período, la inconformidad con los dos primeros años de gobierno de Bill Clinton había puesto a los republicanos en mayoría de la Cámara de Representantes por primera vez en décadas. Pero este año eran las elecciones presidenciales y Clinton, aunque se había opuesto a la Proposición 187, había iniciado una serie de medidas destinadas a satisfacer a los votantes moderados preocupados por el tema inmigrante, particularmente en el estado de California.

En el Congreso, la mayoría republicana de la Cámara, liderada por el controvertido Newt Gingrich, luchaban por implementar una serie de medidas favorecidas por los republicanos que no habían logrado empujar en años, estando en minoría. La reforma de las leyes de asistencia social fue una de ellas y la otra fue la ley de inmigración.

A mediados de los noventa, Estados Unidos experimentó un fuerte crecimiento económico y la oferta de trabajos en todas las industrias y en los sectores de servicio aumentó, atrayendo una fuerte inmigración legal e ilegal hacia el norte. Las postrimerías de la Ley de Amnistía de 1986, una ley que, como ya mencioné, fue insuficiente por no aplicar adecuadamente las sanciones a empleadores ni la protección fronteriza, no sirvió para detener el flujo de inmigrantes. Las guerras de los ochenta en Centroamérica y la entrada de refugiados y asilados hicieron el resto.

La reacción antiextranjera fue explotada al máximo por los políticos para crear apoyo para determinados candidatos y plataformas. Al fin y al cabo, había sido potenciada también por ellos.

La analista política Sherry Bebitch Jeffe, profesora de política y medios de la Universidad del Sur de California lo explica así: "Hay una variedad de razones para este tipo de actitudes. Las crisis económicas, la búsqueda de chivos expiatorios para los momentos en que las cosas no funcionan bien y, sobretodo, una cosa muy importante en la política: si algo funciona una vez, seguirá funcionando en el futuro".

A pesar de la economía favorable, el presidente Clinton estaba bajo ataque por los republicanos desde todo punto de vista: su vida personal, su fallido plan de reforma de salud, la supuesta corrupción de su gobierno. Lo persiguieron e investigaron en repetidas ocasiones por el caso Whitewater, Travelgate, la muerte del abogado de la Casa Blanca Vince Foster y, finalmente, por su relación con Monica Lewinsky.

Por eso, en el momento de su campaña de reelección en 1996,

Clinton estaba más que dispuesto a tomar una postura moderada en inmigración —algunos creen que más bien dura— mediante la cual inició una serie de operativos fronterizos y finalmente apoyó y refrendó las reformas de ley que ese año, y durante las próximas décadas, facilitarían la deportación cada vez más fluida de inmigrantes, incluso inmigrantes legales que hubieran cometido delitos menores.

"La ley de 1996 fue la más estricta en la historia moderna de Estados Unidos: redujo las posibilidades de apelación ante cortes federales, se aumentaron las detenciones obligatorias y las deportaciones, se restringieron las opciones para los buscadores de asilo o refugio y requirió que los ciudadanos que patrocinan inmigrantes prueben que pueden mantenerlos en caso de necesidad", explica Kevin Johnson.

Las repercusiones de esta ley aún hoy pueden sentirse. Cientos de miles de inmigrantes, incluyendo residentes legales que pudieron haber incurrido en alguna contravención en el pasado —por ejemplo, manejar bajo la influencia del alcohol— fueron arrestados y encarcelados de nuevo, y muchos de ellos incluso deportados.

"Estamos viendo un creciente número de residentes permanentes legales convictos de ofensas no violentas, que a menudo ocurrieron décadas atrás, siendo sumariamente deportados de este país", dijo en 1999 la comisionada Doris Meissner, a cargo del INS durante los años del gobierno del presidente Clinton. Meissner era la encargada de aplicar las leyes, pero publicó un artículo en contra de la ley de 1996, en el cual la criticó por considerarla excesiva.

"En muchos casos, se ha reducido casi al mínimo la discreción judicial. Los jueces tienen las manos atadas por las directrices de esta ley", señaló Meissner.

La ley también duplicó la cantidad de agentes de la patrulla fronteriza, y ordenó cárcel obligatoria para solicitantes de asilo, a menos que pudieran demostrar a su entrada, que tenían un temor creíble de persecución en su país de origen —algo difícil de cumplir cuando uno está escapando de un lugar, y llega de sopetón a un aeropuerto o garita fronteriza.

Las consecuencias de esta ley redujeron en mucho los derechos legales de los potenciales inmigrantes; pero hubo algo que no se redujo en absoluto: la inmigración ilegal.

Quince años después, hay más del doble de los cinco millones de indocumentados que se estimaban en 1996. Nuevamente pudo más la retórica que la realidad, y los políticos farfullaron soluciones que no tuvieron efecto alguno en el problema migratorio a largo plazo.

SEGUNDA PARTE

La radicalización de leyes contra el inmigrante y el caos legal

CAPÍTULO 4

El nuevo siglo:
Bush, los latinos y el 11 de septiembre

En su última edición publicada antes de los atentados terroristas del 11 de septiembre de 2001, la revista estadounidense *Time* había elegido a Vicente Fox, entonces presidente de México, como "persona de la semana".

La crónica, que hablaba de su visita de tres días a Washington, pintaba la imagen de alguien "encantador y quijotesco, que entró a la Casa Blanca con sus botas de vaquero y le pidió a su anfitrión (el presidente George W. Bush) que efectuara el cambio más profundo en décadas a las leyes de inmigración de Estados Unidos".

Así estaban las cosas en Washington en los días previos al ataque terrorista que habría de cambiarlo todo por un lapso imposible de adivinar entonces, e incluso ahora, después de más de una década. Bush y Fox tenían entonces sus respectivas buenas razones políticas para trabajar en favor de una reforma que legalizara a una cantidad significativa de los inmigrantes indocumentados que vivían y trabajaban en el gran país del norte.

Como ahora sabemos, esos intentos de una reforma permanente, con expresiones pintorescas como la del entonces secretario de relaciones exteriores de México, Jorge Castañeda, de buscar "la enchilada completa", o la legalización total de los millones de indocumentados, son un recuerdo vago e incluso algo sorprendente en el entorno político de la segunda década del siglo XXI.

Diez años después del 11 de septiembre la perspectiva es muy diferente. No sólo no hay conversación alguna que permita habilitar la metáfora de la "enchilada completa", sino que más bien pareciera que nos damos por satisfechos con las migajas de una enchilada simbólica.

Llegado el año 2011, la clase política de Estados Unidos ha desertado por completo cualquier intercambio serio sobre la integración de millones de indocumentados a su vida económica y social. Sin embargo, la realidad es que esta población está profundamente enraizada en ambas, y el futuro económico y social del país depende, en gran medida, de las decisiones que se tomen en torno a estos y futuros inmigrantes.

Pero en el verano y comienzo otoñal de 2001 había algo de optimismo. No es que hubiera un ambiente eufóricamente pro inmigrante, pero las cosas no se habían deteriorado hasta el punto en el que lo están diez años después.

Buena parte del optimismo se derivaba de la posición política de George W. Bush, quien antes de llegar a la presidencia había sido gobernador de Texas durante ocho años —un estado con fuertes lazos económicos y familiares con el vecino del sur. El gobernador Bush hablaba un español rudimentario, aprendido en el rancho; tenía una cuñada mexicana (Columba, esposa de su hermano Jeb, quien por cierto, siempre habló mejor español que él); y creía que el futuro del Partido Republicano estaba ligado a un conservadurismo compasivo.

También creía, el Bush de entonces, en que la actitud antilatina y antiinmigrante, desplegada por otros republicanos en el país —morbo que comenzó con el gobernador Pete Wilson, en California, y se regó como pólvora—, a la larga sólo llevaría a los republicanos a la derrota. Bush estaba influido por su relación con los mexicanos en Texas, así como por la asesoría que recibió de Lionel Sosa, un consultor político que ya en 1980 había trabajado con Ronald Reagan en su primera campaña presidencial.

Cuando en 1980 Reagan le pidió a Sosa, un publicista de San Antonio, que lo ayudara con el voto latino, le dijo la famosa frase que a través de los años otros republicanos han usado para alegar que la simpatía natural de los votantes latinoamericanos está con ese partido. Reagan le dijo a Sosa: "Los hispanos son republicanos, sólo que todavía no lo saben".

Sosa sabía lo que muchos otros asesores republicanos parecen haber olvidado, o al menos obviado, escogiendo los resultados inmediatos por sobre la estrategia a largo plazo: los latinos son como cualquier grupo de votantes; pueden simpatizar con uno u otro partido, siempre y cuando se sientan incluidos, respetados y tenidos en cuenta. Lo mínimo que ellos y ellas esperan es no sentirse atacados o insultados, que es lo que muchos han percibido del Partido Republicano durante los últimos diez a quince años.

Los latinos, los mexicanos y los mexicoamericanos en particular, son conservadores por naturaleza, pensaba Reagan; y Sosa coincidía. Son pro familia, son muy religiosos, son trabajadores y autosuficientes. No obstante, alguien más había llegado antes a cortejar a estos votantes en los años sesenta: los hermanos Kennedy. Primero llegó John F. y después Robert, ambos durante sus respectivas campañas presidenciales.

La lucha por los derechos civiles y el papel que Kennedy y su sucesor, Lyndon Johnson, tuvieron en la aprobación de la Ley de Derechos Civiles de 1965, así como el posterior apoyo que Robert Kennedy dio a los campesinos y al líder agrario César Chávez, de la Unión de Campesinos (UFW, por sus siglas en inglés), en su lucha por un sindicato que representara a los trabajadores del campo, convirtió a los demócratas en los favoritos del voto latino durante aquellos años. Jacqueline Kennedy hizo famosos comerciales de televisión en español promoviendo la elección de su esposo en 1960, y luego de este ser electo, ambos visitaron México, donde les fue dispensado un recibimiento de reyes.

Además, por su nivel socioeconómico y por su cultura, la mayoría de los latinos se inclinaba hacia las posiciones demócratas en temas sociales. Eso no ha cambiado aún hoy en día. Numerosos estudios señalan que, desde el punto de vista político, una mayoría de los inmigrantes latinos en Estados Unidos puede ser considerada, desde el punto de vista de la política estadounidense, como liberal o progresista. Las excepciones notables son los cubanos y los nicaragüenses —estos últimos arribaron en los años ochenta, huyendo del sandinismo.

Los latinos son una población que una y otra vez, en encuestas de opinión, y voto en mano, dejó clara su convicción de que el gobierno tiene un papel que jugar en la vida y el bienestar de la sociedad; tienden a pensar que el aborto y la religión son temas privados y no políticos; y aunque son incurablemente optimistas acerca de las posibilidades de progresar, no se ilusionan, como muchos blancos pobres, con que algún día serán ricos como Donald Trump o Warren Buffet.

No obstante, hay un segmento económico y socialmente conservador en la comunidad latina; y tales tendencias tienden a reforzarse, en la medida en que los latinos ascienden en la escala social o, en el caso de los inmigrantes, se integran desde diversos puntos de vista. Ese es el grupo que, en las circunstancias correctas, puede llegar a identificarse con el Partido Republicano.

En ese grupo precisamente se concentró la asesoría de Sosa en 1980, cuando ayudó a Reagan a atraer entre un 37% y un 44% del voto latino. En aquel entonces, la población era mucho menor y su voto menos trascendente de lo que ha venido a ser en décadas posteriores; pero la semilla estaba sembrada. Aunque aún relativamente insignificante, el voto de la creciente comunidad hispanoamericana, iba a ser importante en el futuro, reconoció Sosa. Y no se equivocó, aunque el progreso sería ciertamente lento.

En su camino hacia el poder, los hermanos Bush se mostraron moderados en temas considerados como típicamente latinos, particularmente en cuanto a la inmigración; mientras los republicanos en el resto del país seguían el ejemplo del gobernador Pete Wilson de California, y apoyaban medidas restrictivas contra los inmigrantes, haciendo la distinción entre inmigración "ilegal" (mala) y "legal" (buena).

Pero la estrategia de Wilson ciertamente surtió efecto. Como gobernador, su nivel de popularidad estaba por los suelos cuando comenzó la campaña, y sus perspectivas de reelección en 1994 no eran las mejores. California había sufrido cuatro años de recesión, y un alto índice de desempleo, debido a los recortes en el gasto de defensa y al colapso del mercado inmobiliario. Wilson estaba al control del timón; distraer la atención del electorado, buscando un enemigo al cual culpar de la crítica situación del estado, era lo que políticamente mejor le convenía.

Wilson se enteró de un movimiento que se venía gestando entre grupos ultraconservadores en el condado de Orange, California, encabezado por un tal Ron Prince, de oficio contador en Tustin, y por otros activistas locales, para poner en la boleta electoral de California una iniciativa contra los inmigrantes indocumentados del estado, que para ese entonces ya se calculaban en casi dos millones de personas.

A pesar de que en casi todos los demás temas Wilson era considerado como un político moderado, y era hasta criticado por la derecha de su partido, el gobernador apenas se montó en el tren antiinmigrante que ya iba en marcha, lo convirtió en el centro de su campaña de reelección. Fue ese un golpe maestro que transfirió toda la frustración que los californianos podían estar experimentando respecto a sus líderes, hacia el problema de los inmigrantes indocumentados.

Los comerciales de televisión que demostraron ser cruciales en la elección de Pete Wilson, también lo convirtieron en uno de los personajes políticos más odiados entre la comunidad latina inmigrante de California. Pero más allá de la anécdota, Wilson y su campaña contra los indocumentados habrían de dejar una huella profunda en la política estadounidense, que trascendería la campaña de 1994 y crearía un ambiente cada vez más tenso contra el inmigrante indocumentado durante los siguientes quince años.

El más famoso de los comerciales televisivos contra los inmigrantes indocumentados resultó también ser el más dañino para la imagen de los republicanos en la mente de los votantes latinos. En el primer cuadro aparece la imagen de una garita fronteriza y el gran letrero que reza "México"; hay una fila de vehículos que va hacia el Sur y grupos de personas que caóticamente cruzan corriendo en dirección opuesta. La impresionante voz en off suena como la de una película de suspenso u horror: "Y siguen llegando... el gobierno federal no los detiene en la frontera, pero requiere que paguemos miles de millones dólares para encargarnos de ellos".

Con esta campaña maestra, Wilson logró aglutinar y potenciar los temores de un sector de la población respecto a la presencia cada vez mayor de inmigrantes, particularmente mexicanos y centroamericanos, que llegaron por cientos de miles durante los años ochenta. Como el temor de que los inmigrantes estuvieran agobiando el país, extenuando su economía, promoviendo la ilegalidad y el caos, todo esto a expensas de los contribuyentes. No se hizo ninguna mención de sus aportes a la economía y la cultura, ni se especuló sobre los motivos que los podrían impulsar a cruzar ilegalmente la frontera. Era simplemente una estrategia de campaña; y funcionó como se esperaba.

En noviembre de 1994, se aprobó la tristemente célebre Proposición 187, y Pete Wilson fue reelegido para otro periodo de cuatro años como gobernador de California. Pero, una consecuencia no buscada por Wilson, esa elección habría de ser crucialmente importante para el futuro político de California, cambiando la dinámica electoral y provocando una intensa reacción del voto latino, que en años por venir rechazaría a los republicanos una y otra vez en las urnas, eligiendo asimismo una cifra histórica de legisladores latinos; y en 2003, al primer gobernador demócrata en veinte años.

Pero otras cosas estaban pasando en el resto del país: en Texas, el gobernador Bush se negó a seguir el ejemplo de otros republicanos, y rehusó dar el apoyo a la Proposición 187 de California o a medidas similares. Otro tanto hizo su hermano Jeb Bush, que competía por la gobernación del estado de la Florida contra el gobernador Lawton Chiles. Ese año, George W. Bush se hizo reelegir como gobernador de Texas y, cuatro años después, Jeb Bush logró el mismo cargo en la Florida. Pero la postura de ambos, al margen de los grupos más duros en materia de inmigración en su partido, había quedado establecida.

George W. Bush fue elegido a la presidencia de la nación en noviembre de 2000, tras un proceso traumático que involucró un recuento de votos en el estado de la Florida, el cual deparó un triunfo que muchos críticos consideraron cuestionable. Pero había logrado un 35% del voto latino, una cifra considerable y la más alta alcanzada por un republicano desde Ronald Regan.

Sus primeros meses de gobierno fueron más bien banales; pero eso sí, entre sus primeras prioridades estaban las relaciones con México y un acuerdo migratorio, el cual había estado discutiendo con Vicente Fox, presidente de México, una semana antes de la fatídica mañana en que dos aviones de pasajeros se estrellaron contra las torres gemelas de Nueva York, y otro avión contra el Pentágono y un cuarto, que presuntamente iba camino a la Casa Blanca o el Congreso, se desplomó en el territorio del estado de Pennsylvania.

Y como una de las consecuencias de esas espantosas colisiones, como por ensalmo mágico, se hundieron la posibilidad de una reforma migratoria, la legalización de inmigrantes y el proyecto de un supuesto conservador compasivo, abierto a los vecinos del sur de Estados Unidos, que había diseñado George W. Bush desde su rancho tejano, como un gran objetivo de su presidencia.

De hecho, la presidencia de Bush puede dividirse en un antes y después del 11 de septiembre. En la mañana de los ataques, mientras el mundo observaba horrorizado el desplome de las dos torres gemelas del World Trade Center en Manhattan, el avión estrellándose contra el Pentágono y el drama de un cuarto avión —del que la historia oficial cuenta que se vino a tierra debido al sacrificio de los valientes pasajeros que tomaron control del mismo para evitar que lograra su objetivo de atacar un monumento o edificio estratégico de Washington—, Bush estaba en una escuela de Sarasota, Florida, presenciando una clase de lectura ante un grupo de niños.

No se sabe en qué pensaba el presidente durante los minutos que pasaron entre el momento en que su jefe de gabinete, Andrew Card, entró al salón de clases y le susurró al oído, "Nuestro país está siendo atacado", y el momento en que Bush finalmente salió del salón de clases, después de concluir su visita.

Lo que sí está claro, en la perspectiva que nos da el tiempo, es que su presidencia cambió totalmente en ese momento, y que muy pronto el suyo se convertiría en un gobierno ostensiblemente centrado en la llamada "guerra contra el terrorismo".

La política migratoria y la actitud hacia los extranjeros en Estados Unidos sufriría fuertes cambios; y los principales afectados no serían precisamente los terroristas, contra quienes las restricciones migratorias serían poco eficientes —como el tiempo ha permitido comprobarlo, diez años después solo treinta y siete personas han sido deportadas por sospecha de terrorismo—, sino cientos de miles de inocentes trabajadores indocumentados que han sido inmisericordemente deportados.

CAPÍTULO 5

Inmigración:
una cuestión de seguridad nacional

En 1901, Leon Czolgosz, hijo de inmigrantes polacos, asesinó al presidente William McKinley en el Templo de la Música en Buffalo, Nueva York, donde el presidente había hecho acto de presencia debido a la celebración de la Exposición Panamericana. Aunque Czolgosz mismo había nacido en Estados Unidos, el Congreso tomó cartas en el asunto aprobando una ley que "prohíbe la entrada de anarquistas y personas que creen o abogan en favor del derrocamiento, por la fuerza o la violencia, del gobierno de Estados Unidos o el asesinato de funcionarios públicos".

No está claro cómo dicha ley hubiera prevenido el asesinato de McKinley, dado que el anarquista era el joven Czolgosz, mientras que sus padres eran obreros inmigrantes, como tantos otros que vinieron a Estados Unidos escapando la pobreza o la represión en sus países de origen a mediados o fines del siglo XIX, cuando aún no había mayores restricciones a la llegada de inmigrantes.

Pero no era la primera vez que Estados Unidos respondía a incidentes de violencia en su suelo —o a paranoias relacionadas con amenazas más difusas— aprobando leyes que de alguna manera restringían la entrada de extranjeros. Al parecer, este tipo de respuesta, más o menos eficiente según el caso, es bastante más que usual y lo ha sido siempre en la historia de Estados Unidos.

Todo comenzó en 1798, cuando se temía la posibilidad de una guerra con Francia, y el Congreso aprobó la Ley de Extranjeros y Sedición, que permitía a las autoridades "determinar cuando un ciudadano de una nación enemiga representa una amenaza a la seguridad nacional en tiempo de guerra". De ser así clasificado, el extranjero sería detenido o deportado.

¿Suena familiar? Una medida muy similar se incluyó en el Acta Patriótica de Estados Unidos, aprobada en octubre de 2001, escasamente un mes después de los ataques terroristas del 11 de septiembre. La Ley Patriótica —un nombre que bien pudo haber sido diseñado por los genios publicitarios de Madison Avenue que aún no existían en 1798— incluyó las llamadas "provisiones mejoradas de inmigración". Tales provisiones tienen un tufillo de siglo XIX, ya que declaran que el procurador de la nación tiene un poder excepcional para detener a un extranjero indefinidamente si se considera razonablemente que es un riesgo para la seguridad nacional.

Y así ha sido a lo largo de la historia. La ley de exclusión china y la detención de japoneses en campos de concentración "legales" tras el ataque japonés a Pearl Harbor son episodios notables de esa saga de desconfianza hacia extranjeros. La imagen de un extranjero amenazante es siempre llamativa en la mente de cualquier pueblo, pero es particularmente interesante —y absurda— cuando la mayoría de ese pueblo desciende, en una generación u otra, de extranjeros que inmigraron en algún momento de la historia.

Entre 1882 y 1943, la inmigración de personas de nacionalidad china estuvo prohibida por ley en Estados Unidos. Ello no tenía nada que ver con terrorismo, sino con inhibir la conocida capacidad de los chinos de llegar hasta la última esquina del mundo en busca de oportunidades económicas, y su disposición a trabajar muy duramente por poco dinero.

Mientras los chinos fueron necesarios para hacer los trabajos más duros en Estados Unidos, como la construcción de ferrocarriles, se toleraba su presencia y se les permitía agruparse en guetos —de donde vienen los fabulosos vecindarios chinos conocidos como Chinatown, de algunas ciudades estadounidenses, particularmente Nueva York y San Francisco, y uno más pequeño en Los Ángeles. Pero cuando a los estadounidenses les pareció que ya era suficiente —y el oro de las minas del oeste se estaba agotando— no sólo se buscó la forma de regular la inmigración de este grupo, sino que se expidieron leyes que excluían por completo a los chinos, les impedían obtener la ciudadanía, sin importar cuanto tiempo hubieran estado en este suelo, e incluso despojaban de nacionalidad a sus hijos, aunque hubieran nacido en tierra americana. Esa situación de exclusión legal de todo un grupo étnico perduró durante más de sesenta años.

En la idea romántica que muchos estadounidenses aún tienen de su propia historia, este es un capítulo que rara vez se menciona en los panegíricos del maravilloso pasado, y de la formación de este país de inmigrantes y sus descendientes.

En el caso de los japoneses, la situación fue aún más deplorable, aunque gracias a la paranoia dominante en ese momento, las medias restrictivas en su contra parecían totalmente aceptables para la mayoría de los estadounidenses. En efecto, cientos de miles de japoneses americanos —muchos de los cuales eran nacidos en Estados Unidos y nada tenían que ver con las fuerzas militares del emperador Hirohito— fueron confinados en campos de concentración en diferentes puntos del país.

Según la profesora y experta en historia de la inmigración Mae Ngai, en su libro *Impossible Subjects: Illegal Aliens and the Making of Modern America*, lo que les ocurrió a los japoneses americanos durante la Segunda Guerra Mundial es "el caso más extremo" en la historia de Estados Unidos, de este tipo de actos punitivos contra personas que, a pesar de ser en su mayoría ciudadanos, fueron tratados como traidores extranjeros.

"El gobierno de Estados Unidos nunca retiró formalmente la ciudadanía a los japoneses; pero en la práctica la anuló, basándose exclusivamente en una diferencia racial", dice Ngai en su libro.

El origen de esa directiva era la presunción de que cualquier japonés —o descendientes de japoneses— sería más leal al país enemigo que a Estados Unidos. Así que 120.000 japoneses residentes en este país fueron arrestados, aunque la inmensa mayoría —dos tercios— eran ciudadanos estadounidenses. Estas personas fueron sacadas a la fuerza de sus hogares, la mayoría en la costa oeste del país, e internadas en diez campos de concentración en diez puntos del país, según narra la historiadora.

El paso del tiempo y la justicia que aún puede lograrse en los tribunales de Estados Unidos casi siempre han terminado por revertir y condenar esas medidas de seguridad, que a menudo se extralimitaron en su alcance. El judicial es el único de los poderes que aún parece funcionar con alguna apariencia de objetividad; aunque también padece de influencias políticas, puesto que los jueces federales son nominados por el presidente en ejercicio.

Llegamos al final del siglo XX y, de cierta forma, el ciclo se reitera, repitiendo las tendencias del pasado. El shock de los ataques terroristas del 11 de septiembre de 2001 también hizo de las suyas. El 11 de septiembre tuvo efectos que reverberaron en la política migratoria de la década siguiente con la fuerza de una explosión volcánica.

Inmediatamente después de los ataques cometidos por diecinueve terroristas y secuestradores, provenientes de varios países árabes (Arabia Saudita, Líbano, Egipto y Emiratos Árabes), que entraron al país y permanecieron aquí con visas legales, el gobierno de Estados Unidos y el Congreso comenzaron a hacer cambios a las leyes de inmigración que a la postre afectaron mucho más a los inmigrantes regulares que a los potenciales terroristas.

Pueden tomarse como ejemplo las redadas contra trabajadores de los aeropuertos, mejor conocidas como Operation Tarmac (Operación Pista), y la aprobación, pocas semanas después de aquel 11 de septiembre, de una ley que creó la nueva autoridad de seguridad y transporte (Transportation Security Authority o TSA, por sus siglas en inglés) para hacerse cargo del manejo y revisión de equipajes y del chequeo de seguridad de pasajeros, un servicio que hasta entonces había sido contratado con empresas privadas, que generalmente pagaban el salario mínimo a sus empleados.

Tras el 11 de septiembre —y aparte de todas las medidas que de inmediato se tomaron contra inmigrantes de países musulmanes, como por ejemplo la obligación de todos los hombres de determinada edad y provenientes de una lista de países de registrarse con el gobierno—, el Departamento de Justicia, entonces dirigido por el republicano John Ashcroft, se dedicó a limpiar los aeropuertos y otros sitios importantes de la patria, como instalaciones militares, lugares históricos y plantas nucleares, de los empleados no autorizados que presuntamente implicaban una amenaza para el país. Léase inmigrantes sin documentos que trabajaban como técnicos de mantenimiento de aviones, personas de limpieza y mantenimiento, servicio de alimentos y otros diversos trabajos dentro de los aeropuertos.

El procurador Ashcroft, conocido por su curioso capricho de pedir que taparan con cortinajes dos estatuas gigantes semidesnudas que desde 1930 adornaban el gran salón del Departamento de Justicia, porque no le gustaba que lo fotografiaran frente a ellas, hizo más de una declaración definiendo a los trabajadores de los aeropuertos como personas que amenazaban la seguridad nacional, aun cuando ninguno de ellos jamás fuera acusado de ningún cargo relacionado con el terrorismo, ni estuviera jamás bajo sospecha.

"Estos individuos serán acusados de haber obtenido acceso a las áreas críticas de nuestros aeropuertos, lo que hicieron mintiendo en sus solicitudes de seguridad, usando números falsos de seguro social o cometiendo varios fraudes de inmigración", dijo Ashcroft a los medios al ofrecer resultados de la famosa Operation Tarmac.

Para abril de 2004, el gobierno, según cifras del Government Accounting Office (GAO, por sus siglas en inglés), ya había investigado a 195 aeropuertos en los cuales se identificó a 607 empleados no autorizados, y un 30% fueron clasificados como "transgresores de visa" por haber entrado al país con una visa legal y quedarse más allá de lo que esta permitía. El otro 70% eran indocumentados de otro tipo: los que entraron ilegalmente por las fronteras terrestres.

La clasificación venía a cuento porque, según el Departamento de Justicia, tres de los terroristas del 11 de septiembre —todos los cuales eran extranjeros que entraron con visas, y no ilegales que se escurrieron subrepticiamente por alguna frontera— habían violado las condiciones de sus visas. Según esa lógica, otros inmigrantes presentes ilegalmente en el país, y particularmente los que tenían trabajos con acceso a áreas de seguridad de aeropuertos y alguna otra infraestructura crítica, que hubieran violado sus visas o entrado ilegalmente, tenían que ser perseguidos sin contemplaciones.

Operation Tarmac fue considerada un éxito, sobretodo cuando se extendió a la infraestructura de las Olimpíadas de Invierno en Salt Lake City, en 2002, y al juego anual del Super Bowl. En 2003, cuando el Super Bowl se jugó en San Diego, se aplicaron estas redadas, que permitieron descubrir a setenta y nueve trabajadores no autorizados en el perímetro de seguridad del estadio.

Adicionalmente, de acuerdo a las nuevas leyes aprobadas pocas semanas después de los ataques, habría otra forma de proteger a la patria: todos los trabajadores de aeropuerto debían, de ahora en adelante, ser ciudadanos estadounidenses. Cientos de residentes legales fueron despedidos de sus trabajos. Como otras veces en la historia de Estados Unidos, se cuestionó la moralidad y el patriotismo de personas comunes y corrientes cuya única trasgresión, en este caso, era no haberse hecho aún ciudadanos, y permanecer con estatus de residentes permanentes.

No obstante, en tanto que se investigaba a los que limpiaban baños en los aeropuertos, el INS incurrió en un gran error que rápidamente fue olvidado, en aras de la unidad de la patria: seis meses después de los ataques terroristas, una escuela de vuelo en Florida recibió una carta del INS informándoles que Mohamed Atta y Marwan al-Shehhi, dos de los terroristas que murieron ese día en los aviones (según todas las versiones, Atta era el líder del grupo), habían recibido un cambio de visa de turista a estudiante. Es decir, tuvieron la aprobación del gobierno estadounidense para permanecer en el país y estudiar en dicha escuela.

El efecto profundo en la política migratoria

Después de esos primeros meses, la sombra de las amenazas contra la seguridad nacional fue invocada una y otra vez para hablar con alarma sobre las fronteras y la presencia de indocumentados.

"El efecto fue profundo, tanto sobre la política migratoria como sobre los inmigrantes", conceptuó Stephen Yale-Loehr, profesor de la escuela de leyes de Cornell University. "Lo que pasa es que nuestro gobierno comenzó a usar las leyes de inmigración, y el sistema de visas, para combatir el terrorismo, en vez de usar un marco antiterrorista de la ley, y le dio a la nación un falso sentido de seguridad".

Inmigración: una cuestión de seguridad nacional

Los ataques terroristas del 11 de septiembre de 2001 transformaron el debate, la aplicación de las leyes de inmigración y la actitud del país hacia los inmigrantes, contribuyeron a hundir las oportunidades de cualquier reforma migratoria durante al menos una década y crearon la imagen de un nuevo Estados Unidos menos abierto a los extranjeros.

"Probablemente el cambio simbólico más grande fue la completa reorganización de las instituciones del gobierno que se ocupaban de regular la inmigración", indicó Idean Salehyan, profesor de ciencias políticas de la Universidad de North Texas y experto en leyes migratorias y asilo político. "De tener una agencia (INS) que se ocupaba de temas migratorios dentro del Departamento de Justicia, se pasó a crear el gigantesco Departamento de Seguridad Nacional (DHS, por sus siglas en inglés), y dentro de este, se crearon varias agencias para lidiar con inmigración, como ICE, USCIS, CBP y más".

Así, la inmigración pasó de estar en el marco de la justicia en general, al marco de la seguridad nacional, con la consecuencia de que ya no eran sólo los países árabes o los del medio oriente los que estaban bajo sospecha tras el ataque, sino todos los extranjeros que pudieran entrar al país a hacer daño, o quienes ya estaban aquí indocumentados.

Al mismo tiempo, toda la conversación sobre una reforma migratoria integral, que había venido progresando con la elección en 2000 del presidente George W. Bush, se paralizó por completo. Hay que recordar que en los meses anteriores al ataque terrorista, Bush y el presidente Vicente Fox, de México, habían venido sosteniendo reuniones de alto nivel para encontrar puntos de coincidencia y avanzar la discusión de una reforma migratoria legislativa en Estados Unidos.

"No tenemos una bolita de cristal para asegurarlo, pero creo sinceramente que esas reuniones pudieran haber resultado en un movimiento muy positivo hacia algún tipo de reforma migratoria", indicó la profesora Maryellen Fullerton, de la escuela de leyes de Brooklyn. "Sin duda que siempre existieron y existirán las fuerzas políticas que se oponen, pero también es cierto que después del 11 de septiembre estas pudieron endurecer el debate radicalmente".

Además, el Congreso de Estados Unidos comenzó a actuar con celeridad. No es correcto, por ejemplo, decir que la expedición de leyes de inmigración se paralizó durante esos años, al contrario. Entre 2001 y 2006 el Congreso y el presidente Bush aprobaron seis medidas que incluyeron restricciones a las condiciones de entrada o estadía de inmigrantes.

La primera de ellas fue presentada ante el Congreso ocho días después de los ataques terroristas del 11 de septiembre, con el nombre de Ley Antiterrorista de 2001, y luego se expidió la llamada Ley Patriótica, una discutible medida que expandió los poderes del gobierno para investigar a ciudadanos y foráneos. Dicha ley incluyó vigorizar la facultad gubernamental para recaudar información de inteligencia doméstica, detectar y contrarrestar los métodos de financiamiento terrorista, y facilitar la deportación de sospechosos de ser terroristas, incluyendo la detención indefinida de sospechosos no ciudadanos, según determinadas categorías.

Pocos meses después, el Congreso aprobó otra ley: el Acta de seguridad fronteriza mejorada y reforma de visas (EBSVERA, por sus siglas en inglés). Dicha ley creó un nuevo sistema, hoy conocido como US-VISIT, que requiere que todo extranjero que entra al país sea registrado con todas sus características biométricas, además de imponer más requisitos en los controles de estudiantes extranjeros.

En 2005 vino también la ley Real I.D., que entre otras cosas, estableció nuevos estándares federales para las licencias de conducir expedidas por los estados, incluyendo la prohibición de expedir licencias a inmigrantes indocumentados (exigencia federal que antes no existía).

Al entrar como turista, estudiante o trabajador, con visa de estadía temporal, la legalización e incluso el proceso de naturalización se volvieron más largos y dispendiosos; en particular porque se requirieron chequeos de antecedentes mucho más severos que los que se exigían antes del 11 de septiembre.

"Miles de inmigrantes, potenciales asilados y refugiados tuvieron que esperar mucho más tiempo para entrar a Estados Unidos", señaló el profesor Yale-Loehr. "También se instituyeron programas de registro especiales de entrada y salida a ciertos nacionales de veintiséis países, que pocos años después se eliminaron por no tener verdadera efectividad".

En 2005 el Congreso de Estados Unidos se embarcó en lo que hasta ahora fue el último gran intento de atacar el tema de la reforma migratoria en forma integral, y los expertos creen que el ambiente posterior al 11 de septiembre tuvo mucho que ver con los resultados —amén de las elecciones intermedias de 2006 que ejercieron presión sobre muchos congresistas.

Un informe del Instituto de Política Migratoria (MPI, por sus siglas en inglés) publicado a finales de agosto de 2011, señala que el 11 de septiembre instigó una visión radical de la aplicación de la ley, opuesta a cualquier concesión hacia los inmigrantes, que resultó en la aprobación del restrictivo proyecto HR 4437 en la Cámara de Representantes en 2005 (mejor conocida como la Ley Sensenbrenner, que dio origen a las famosas marchas pro inmigrantes de esa época); luego, en 2006 y 2007, fracasaron los intentos de reforma migratoria integral.

"Todo tipo de reforma migratoria integral se dejó de lado durante este lapso, como consecuencia del cambio de actitud después del 11 de septiembre", opinó Doris Meissner, directora del Programa de Política Migratoria de MPI, y ex comisionada del INS durante el gobierno del presidente Bill Clinton. "Hemos escuchado una y otra vez que las leyes que se han aplicado desde entonces hacia los inmigrantes, tienen el propósito de proteger la seguridad nacional cuando la verdad es que principalmente tienen que ver con control migratorio".

Para muestra, están las cifras reales de lo que ha sucedido en esta década. Los resultados son sorprendentes: un análisis de millones de casos de deportación en los diez años desde el 11 de septiembre, realizado por TRAC (un proyecto de análisis de datos de Syracuse University), halló que la deportación de terroristas, extranjeros que presuntamente amenazan la seguridad nacional y delincuentes peligrosos ha sido menor después del 11 de septiembre que antes de esa fecha. Eso, mientras las deportaciones en general se dispararon con profusión.

Las cifras reales son más impresionantes que la retórica, pero en forma inversa: los casos de deportación por sospecha de terrorismo ya eran raros antes del 11 de septiembre. En la década anterior a esa fecha, las cortes de inmigración procesaron la impresionante cifra de ochenta y ocho terroristas. Después del 11 de septiembre, sólo treinta y siete casos fueron procesados.

En el caso de posibles *amenazas a la seguridad nacional*, una categoría que engloba diversos cargos más genéricos que terrorismo como "pertenecer a un partido totalitario, acusaciones de sabotaje o espionaje, de genocidio, participación en persecuciones nazis y cualquier actividad de oposición contra el gobierno de Estados Unidos, o intención de derrocarlo". Dentro de esa categoría, 384 personas fueron deportadas en la década anterior al 11 de septiembre, y 360 en la década posterior.

En cuanto a deportados considerados delincuentes, el récord no es mucho mejor. En ambos gobiernos, el de Bush y el de Obama, la inmensa mayoría de deportados eran inmigrantes sin antecedentes delictivos: 83,4% bajo Bush (2002–2008) y 82,8% bajo Obama (2009–2011).

Y aunque durante los primeros tiempos del gobierno del presidente Obama el enfoque en deportar delincuentes aumentó ligeramente —un 18% respecto a Bush— en los últimos doce meses esta proporción ha vuelto a bajar. Por ejemplo, sólo un 14,6% de los deportados en los primeros seis meses de 2011 son delincuentes convictos.

Para obtener este resultado se analizaron millones de procesos de deportación contra extranjeros iniciados por la Agencia de Control de Inmigración (ICE, por sus siglas en inglés), la cual funciona desde 2003, y el antiguo INS (Servicio de Inmigración y Naturalización), que existió hasta ese año.

Se trata específicamente de las deportaciones realizadas por medio de los tribunales de inmigración —tribunales civiles que operan bajo jurisdicción del Departamento de Justicia. Según los resultados, las deportaciones posteriores al 11 de septiembre han aumentado en números absolutos: de 1,6 millones antes del 11 de septiembre a 2,3 millones después de dicha fecha.

El aumento, sin embargo, no hizo más énfasis en extranjeros que amenazaban la seguridad nacional, terroristas o sospechosos de terrorismo ni delincuentes peligrosos. Al contrario, la cantidad de deportaciones concentradas en proteger al país de potenciales acciones violentas disminuyó durante los últimos diez años.

"Lo que estamos viendo aquí verdaderamente es que la realidad no coincide con el discurso. El número de deportados por terrorismo, seguridad nacional o por ser delincuentes ha bajado desde el 11 de septiembre", indicó Sue Long, una de las investigadoras y codirectora de TRAC, en una entrevista telefónica. "Al mismo tiempo, las deportaciones de inmigrantes sin papeles, pero no vinculados al terrorismo ni a cualquier tipo de delito más allá de violaciones migratorias, han aumentado".

Terrorismo y seguridad nacional son palabras muy utilizadas por burócratas y políticos desde el 11 de septiembre para aludir a las prioridades de deportación y persecución de extranjeros peligrosos.

La primera directora de ICE, Julie L. Myers, en 2007, dijo: "Orgullosamente estamos entrando en nuestro quinto año de servicio al pueblo estadounidense, y nuestra misión sigue siendo clara: proteger a Estados Unidos y mantener la seguridad pública". Otros directores de ICE, los secretarios de Seguridad Nacional y el propio presidente Obama, han proferido declaraciones como estas que, según los resultados de este análisis, son más impresionantes que reales.

El gobierno federal inicia deportaciones por diferentes razones: sospecha de terrorismo o de actividad terrorista (aún la sola intención o evidencias de la misma), extranjeros que han cometido o han sido acusados de un hecho delictivo y —la que tiene menor prioridad según las manifestaciones públicas de ambos gobiernos— las violaciones a la ley migratoria.

Por el momento, sin embargo, los temores en torno a la seguridad nacional se han convertido en parte integral del problema no resuelto de la inmigración indocumentada, y de la falta de un esquema que sirva para reglamentar los futuros flujos de trabajadores y profesionales que Estados Unidos necesitará el día de mañana.

La ausencia de cualquier amago de discusión seria que permita a Estados Unidos reformar las leyes de inmigración y lidiar con futuros flujos de trabajadores inmigrantes, refugiados, estudiantes y turistas, es una consecuencia de la forma en que, despúes del 11 de septiembre, el país decidió manejar la amenaza del terrorismo, asumiendo que gran parte del problema tenía que ver con los inmigrantes y los extranjeros.

Las tendencias antiinmigrantes, que siempre existieron, recibieron un fuerte impulso debido a los temores suscitados por la supuesta vulnerabilidad fronteriza de Estados Unidos, y de que el terrorismo pudiera entrar por el Río Grande; aunque en realidad todos los terroristas del 11 de septiembre de 2001 entraron en avión y a través de la aduana, con visas legales de turistas, y no ilegalmente por las montañas de Arizona o los desiertos de Texas.

CAPÍTULO 6

Los ilegales y el nuevo movimiento de odio

En febrero de 2011, Shawna Forde se convirtió en la sexagésima segunda mujer en la antesala de la muerte en el sistema penitenciario de Estados Unidos. Forde, considerada una líder local de un grupo de vigilantes fronterizos llamado Minuteman, fue convicta a morir por inyección letal en Tucson, Arizona, por un jurado de once mujeres y un hombre. Su crimen: el asesinato a sangre fría de Brisenia Flores, de nueve años de edad, y su padre Raúl en un extraño incidente en el sur de Arizona.

Todo ocurrió el 30 de mayo de 2009 en el tráiler donde vivía la familia en Arivaca, un pequeño pueblo a once millas de la frontera con México, cuando el grupo de atacantes —dos hombres y una mujer— tocó a la puerta haciéndose pasar por la policía en busca de un sospechoso.

Ya adentro, mataron a balazos a Raúl, tirotearon a su mujer Gina y luego, mientras ella pedía por su vida, le dispararon dos balazos en la cara a la niña de nueve años, quien murió a consecuencia de las heridas. La madre declaró en el juicio que escuchó a la pequeña rogar que no la mataran, mientras la mujer se hacía la muerta en el suelo del tráiler.

"Yo escuché lo que pasaba", dijo. "Brisenia les preguntaba: ¿por qué le dispararon a mi papá? ¿Por qué le dispararon a mi mamá? Por favor, no me disparen…".

Pero lo hicieron, le dispararon en la cara y la niña murió en el acto.

Según lo alegado por la fiscalía, Forde había organizado el asalto de Raúl Flores, al que consideraba un narcotraficante de la zona y pretendía robarle dinero y drogas para financiar las actividades de su grupo paramilitar antiinmigrante. Necesitaba fondos para formar su propia milicia.

Forde había formado parte del movimiento Minuteman, un grupo de ciudadanos que surgió en el año 2005 precisamente en Arizona, con la idea de patrullar la frontera y detener el paso de los inmigrantes que la cruzaban ilegalmente con el objetivo de ingresar en Estados Unidos.

Líderes de tal movimiento han dicho que Forde fue expulsada del mismo por "inestable" y por eso formó su propia milicia, llamada Minutemen American Defense. Según la evidencia presentada en corte, Forde creía que en el tráiler de la familia Flores González tenía que haber droga y dinero puesto que consideraba a Raúl "Junior" Flores un narcotraficante mexicano, aunque tanto él como su hija eran ciudadanos nacidos en Estados Unidos. En el tráiler no se encontró nada, ni droga ni dinero ni rastro de narcotráfico.

El asesinato indignó a algunos, principalmente a la comunidad latina de Arizona, pero no acaparó en ningún momento la atención de los medios masivos a nivel nacional, con excepción de los medios en español. La cobertura que se le dio fue relativamente escasa.

Sin embargo, pocos meses después — en marzo del año siguiente— otro violento asesinato en la misma región sí movilizó la opinión pública de Arizona, recibió amplia cobertura en los medios y fue muy comentado incluso en el resto de la nación: la muerte del ranchero Robert Krentz.

El cuerpo de Krentz, un ranchero cuya familia había criado ganado en el área cercana a Douglas, Arizona, durante casi cien años, fue hallado en su vehículo junto con el cadáver de su perro el 27 de marzo de 2010. Krentz era una figura conocida en el área que se quejaba amargamente, junto con muchos otros rancheros vecinos, del daño que la inmigración ilegal que pasaba por allí hacía en los terrenos.

No en vano, en los últimos diez años, Arizona se había convertido en una zona crítica de cruce ilegal de indocumentados y drogas. La zona es peligrosa, pero no estaba tan resguardada como la frontera de California o partes de Texas, precisamente por su cualidad montañosa, de temperaturas extremas y terreno hostil.

Un siglo y medio antes, el guerrero apache Jerónimo usó los caminos de montaña para evadir a la caballería de Estados Unidos. Ahora los usan los coyotes y narcos para traficar gente y drogas.

Todos los medios reportaron de inmediato que Krentz, quien había sufrido varios impactos de bala, "podía haber sido asesinado por un inmigrante ilegal". La noticia corrió como reguero de pólvora y recibió un eco inmediato no sólo de los medios, sino de los políticos, que de inmediato asumieron que la solución sería mandar la guardia nacional a la frontera.

Primero se dijo que había sido un inmigrante ilegal, porque Krentz había sido escuchado por última vez por un hermano suyo diciendo la palabra "ilegal" por medio de un aparato de radio. Luego se especuló que podría haber sido muerto por un guía de mulas del narcotráfico y se indicó que los perros policías siguieron el rastro del asesino durante varias millas en dirección hacia la frontera. "El asesino escapó hacia México", dijeron.

Mientras tanto, no parecía haber evidencias concretas, pero el asesinato de Krentz causó un horror y una indignación que el de Brisenia Flores y su padre no habían logrado generar unos meses antes.

La muerte del ranchero fue citada por legisladores en el debate sobre la ley SB 1070, hasta entonces la más severa ley antiinmigrante considerada por un estado de la unión. El proyecto, que abría la puerta a que la policía local detuviera a personas bajo sospecha de ser indocumentadas, había sido presentado en la legislatura de Arizona antes de la muerte de Krentz, pero inmediatamente después, el ranchero se convirtió en el principal símbolo del debate. Algunos políticos consideraron ponerle "Ley de Rob Krentz", pero no lo hicieron. Exactamente un mes después de la muerte del ranchero, la gobernadora de Arizona firmó la ley SB 1070, generando un escándalo nacional y varias demandas.

Un par de años después, buena parte de la ley SB 1070 está detenida por los tribunales mientras se considera su constitucionalidad, pero las autoridades nunca pudieron desentrañar el misterio de la muerte del ranchero ni encontrar sospechosos o culpables, aunque en algún momento cambiaron su versión de que la persona sospechosa "había huido hacia la frontera" y dijeron que sospechaban lo contrario, que el sospechoso estaba en Estados Unidos. Hasta ahora, el culpable no ha aparecido, pero la muerte de Krentz ayudó a solidificar el respaldo de muchos ciudadanos de Arizona hacia la ley estatal antiinmigrante.

Por un extraño vuelco del destino, el homicidio de la pequeña Brisenia y de su papá halló justicia en el tribunal, mientras que el del ranchero anglo nunca fue resuelto; pero impulsó la ley más antiinmigrante del país y numerosas copias que surgieron en otros estados.

Los vigilantes Minutemen

Los que apoyaban a Shawna Forde la consideraban —así lo pusieron en su página de Internet— como una "presa política" del Departamento de Seguridad Nacional y víctima de "perfil racial" por ser de raza blanca. Pero Forde era bien conocida por sus actividades dentro del movimiento Minuteman.

Según Brian Levin, director del Centro para el Estudio del Odio y el Extremismo, de la Universidad de California en San Bernardino, la mujer era "conocida dentro del movimiento antiinmigrante como una activista fiel a su causa aunque otros la consideraban una lunática que podía perder la cabeza en cualquier momento".

Lo que está claro es que Forde tenía una obsesión ideológica: era fervientemente antiinmigrante. Y no era la única. Aunque los incidentes violentos extremos como el cometido por Forde son la excepción, este tipo de grupos vigilantes —de los cuales surgió esta odiosa figura— no operaban al vacío, sino en un contexto político y mediático que apoyaba la noción de que no había control alguno sobre las fronteras y que los inmigrantes indocumentados estaban destruyendo al país.

Por un lado están los políticos que aprovechan la indignación de la ciudadanía hacia lo que perciben como la invasión de ilegales, y buscan votos fáciles usando el tema migratorio. Mientras los Minutemen patrullaban la frontera por su cuenta, recibieron el apoyo abierto de políticos destacados como el entonces gobernador de California Arnold Schwarzenegger, quien, en busca de su reelección en 2005, tuvo la gran idea de elogiar sus actividades en un programa radial.

Aunque el presidente George W. Bush rechazó las actividades de las patrullas fronterizas, calificándolas de "vigilantes" y de operar fuera de la ley, Schwarzenegger no dudó en utilizar las actividades de los Minutemen para congraciarse con la base republicana de California, buena parte de la cual simpatizaba abiertamente con el movimiento y respondía positivamente a la retórica antiinmigrante.

"Han hecho un excelente trabajo", dijo Schwarzenegger a la audiencia de *John and Ken* en la radio KFI de Los Ángeles, uno de los varios programas de la televisión y radio estadounidense que pasaba buena parte del tiempo culpando a los inmigrantes de la mayoría de los males locales o nacionales en Estados Unidos.

El gobernador siguió diciendo: "Han ayudado a reducir tremendamente el cruce de los inmigrantes ilegales… demuestra que cuando uno lo intenta, lo logra, pero nuestro gobierno federal no está haciendo su trabajo".

A su nacimiento en octubre de 2004, el movimiento Minuteman Project, con tintes de vigilancia ilegal, tomó el nombre histórico de los Minutemen —milicias especiales de hombres jóvenes y de rápida movilización que lucharon en la Guerra Revolucionaria o Guerra de Independencia de Estados Unidos contra el ejército británico en el siglo XVIII.

Los Minutemen del siglo XXI fueron menos exitosos. El grupo estuvo formado principalmente por activistas en los márgenes de la discusión política sobre inmigración y su aparente objetivo fue el de convocar a ciudadanos comunes a patrullar las fronteras para detener el flujo de inmigrantes ilegales y defender la patria. Estos Minutemen ofrecían ayudar a la Patrulla Fronteriza al reportar a los inmigrantes que observaran cruzando la frontera, y realizaron vigilias en las zonas fronterizas, cuyo simbolismo resultó atractivo para los medios de comunicación, que comenzaron a cubrir sus actividades con intensidad. De esta manera, el grupo llegó a la fama nacional y provocó que el presidente George W. Bush los calificara de vigilantes, o personas que toman la ley en sus propias manos.

"Estoy en contra de la vigilancia ciudadana en Estados Unidos de América", dijo Bush en marzo de 2005 durante una reunión en Texas con el entonces presidente de México Vicente Fox y el primer ministro canadiense Paul Martin.

Las movilizaciones fronterizas atrajeron mucha atención mediática en el verano de 2005, en el mismo momento en que el Congreso discutía varios proyectos de leyes de inmigración. Los Minutemen alegaban tener docenas de miles de afiliados, pero en sus patrullas generalmente sólo había docenas y a veces algunos cientos de personas.

Según reportes de prensa de esa época y de un capítulo escrito por el profesor Leo R. Chávez, del libro recopilatorio *Global Vigilantes*, que hizo crónica del movimiento y sus primeras actividades en 2005, el objetivo del fundador de los Minutemen, Jim Gilchrist, era presionar al gobierno de George W. Bush a reforzar la frontera, cosa que consiguió, a pesar de que el propio presidente condenó a la organización.

Gilchrist, veterano de Vietnam, contador retirado y residente de Orange County, California, organizó el grupo junto a Chris Simcox, ex maestro de Los Ángeles con problemas de personalidad, y poseedor de un récord criminal obtenido apenas el año anterior por portar una pistola semiautomática en los confines de un parque nacional, mentir y dar un reporte falso a un policía.

Ambos personajes intentarían más adelante seguir una carrera política, sin duda uno de los objetivos que ambos tenían al iniciar esta sociedad y el movimiento Minuteman. Gilchrist fue precandidato al Congreso por California y Simcox desafió al senador John McCain en la primaria republicana en 2010 en Arizona. Ambos perdieron por amplio margen.

Pero en aquella primavera de 2005, los ángeles parecían estar de su parte. Gilchrist, cuya apariencia de ejecutivo y sus buenos modales daban una imagen de persona moderada y lógica, lo cual contradecía su profundo extremismo antiinmigrante, se convirtió en la cabeza intelectual del movimiento, dando innumerables entrevistas a todos los medios que se las solicitaban, incluyendo los medios hispanos, y explicando que el objetivo de las patrullas se había conseguido incluso antes de empezar.

"Todo esto fue un show para atraer a los medios y enviar un mensaje a la nación", dijo Gilchrist en aquel entonces, en una de las cientos de entrevistas que concedió sobre la movilización de "miles de activistas", que a fin de cuentas no llegaron a doscientos en aquella primavera de 2005.

El presidente Bush había anunciado que enviaría quinientos nuevos agentes fronterizos a la frontera de Arizona y México y reforzaría la vigilancia con aviones. Todo esto ocurrió dos días antes del inicio del patrullaje ciudadano de los Minutemen el 1 de abril y, como es natural, Gilchrist cantó victoria: "Nada de esto hubiera ocurrido de no haber sido por las acciones de los Minutemen".

Fue un golpe maestro de parte de Gilchrist y sus aliados en los medios de comunicación, como la radio activista conservadora Fox News, Lou Dobbs en CNN y muchos otros. De hecho, prácticamente todos los medios del país cubrieron el movimiento de una u otra forma, y hubo momentos en que había más reporteros y camiones de televisión que activistas.

Ni el propio Gilchrist se quedó en la frontera el mes completo de abril de 2005. Declaró victoria hacia mitad de mes y se fue con sus actividades a otro lado. Los arrestos de inmigrantes indocumentados habían bajado en el período de tiempo que ocurrió la vigilancia. Gilchrist lo atribuyó a los Minutemen, otros comentaron que quizá tuvo algo que ver la presencia de cámaras de televisión, camiones con satélite y la amplia publicidad recibida de este y del otro lado de la frontera.

Pronto los aliados Gilchrist y Simcox, dos hombres de gran ego y aspiraciones de protagonismo, se separarían y romperían relaciones, dividiendo el grupo en dos organizaciones diferentes: el Minuteman Project y el Minuteman Civil Defense Corps (MCDC, por sus siglas en inglés) que quedaría en manos de Simcox.

Aunque con menos atención publicitaria, ambos grupos siguieron funcionando como organizaciones no lucrativas que recibían donaciones de fondos, prometían apoyar a candidatos con ideas similares a las suyas y hasta querían construir su propio muro fronterizo.

Con el tiempo, en ambas se dieron acusaciones de falta de control de esos fondos donados por los que creían en sus objetivos, y más divisiones y peleas internas. La más cuestionada de las organizaciones fue la de Simcox, quien al final se alió con un político republicano negro de nombre Alan Keyes, y varios grupos fundamentalistas cristianos para, supuestamente, destinar fondos y esfuerzos a promover candidatos con su mismo ideario. Es difícil imaginar qué pueden tener en común Simcox, los Minutemen, un afroamericano conservador y un grupo de extremistas cristianos, pero ellos parece que lo veían más claro que el resto de los mortales.

Al parecer, millones de dólares donados por ciudadanos que creían en sus objetivos, entre ellos, construir un muro privado al estilo israelí con tecnología de última generación, a un costo de ciento cincuenta dólares el pie, desaparecieron en el aire, al igual que los planes del muro privado —que según reportes del Southern Poverty Law Center, terminó siendo una valla de un par de millas similar a las que se ponen para controlar el ganado.

Los reportes sobre el manejo del dinero no sólo vienen de grupos críticos del objetivo de los Minutemen, sino también de medios bien conocidos tan conservadores como el *Washington Times*, periódico que en 2006 publicó un extenso artículo describiendo los cuestionamientos de los propios activistas Minutemen contra el manejo que sus líderes hicieron del dinero donado y la falta de transparencia del grupo.

Al final, la efectividad del movimiento es altamente cuestionable y nunca han vuelto a llamar la atención de los medios como en aquella primavera de 2005. El grupo de Gilchrist —rebautizado y formado de nuevo como Minuteman Project Inc.— aún existe, aunque las disputas internas llevaron a demandas y a la separación temporal del ex contador público del liderazgo del mismo.

Tras varias demandas y contra demandas, Gilchrist retuvo control de la organización, que mantiene un sitio de Internet, cuyo encabezado dice: "El proyecto Minuteman de Jim Gilchrist. Un grupo activista y multiétnico que favorece el uso de la ley contra la inmigración ilegal". Objetivos, sin duda, mucho más humildes que los que tenía al principio: los de usar milicias ciudadanas para hacer el trabajo que, según él, no hacían las autoridades.

Con el tiempo, Gilchrist llegó a decir públicamente que el movimiento se había desvirtuado con las sucesivas divisiones y creación de grupos que no seguían los objetivos originales. Se desvinculó totalmente de grupos como el de la asesina Shawna Forde, y se esforzó por mantener una imagen dentro de la ley.

En cuanto al grupo de Simcox, MCDC se disolvió en marzo de 2010, un año después que Simcox lo dejó para emprender una fallida campaña contra el senador John McCain para Senador de Arizona. Su membresía menguaba sin descanso, y la organización ya no patrullaba la frontera en Arizona, Texas o Nuevo México.

Sobrevive un grupo en California llamado Minuteman Corps de California, cuyas actividades se centran en un rancho llamado Camp Vigilance, ubicado en Vista, a dos millas y media de la frontera. En su sitio de Internet, sus administradores invitan a ciudadanos a patrullar la frontera y a hacer sus reservaciones para hospedarse en el campo. Numerosas fotos muestran reuniones felices, pobladas de banderas, con comidas al aire libre. Básicamente es un club social con un objetivo en común: luchar contra la inmigración indocumentada.

El legado del odio

Con el tiempo, la creación de grupos y subgrupos de los Minutemen de 2004, devino en diversos grupúsculos que comenzaron a incorporar elementos de los grupos patriotas, similares a los existentes en los años noventa, cuyas ideas están alimentadas por teorías sobre conspiraciones tales como la de que la infiltración indocumentada es una suerte de reconquista del territorio patrocinada por el gobierno de México; así como muchas otras.

En su informe "The Second Wave: Return of the Militias" (La segunda ola: el regreso de las milicias), la organización Southern Poverty Law Center habla del resurgimiento de las milicias patrióticas que tuvieron vigencia en los años noventa, cuya ideología inspiró el acto de terrorismo doméstico más impactante de la historia: el bombardeo del edificio federal de Oklahoma City.

Pero mientras en los noventa las milicias se concentraban en luchar contra el gobierno y sus impuestos, las nuevas milicias tienen un tinte más abiertamente racial: fueron inspiradas como reacción a la elección de Barack Obama (mitad afroamericano y mitad blanco) a la presidencia del país, y a la proliferación de la población latina inmigrante.

Esa fusión de los grupos racistas y las milicias patrióticas libertarias se ha venido volviendo más común con los años, pero en 2003, mucho antes de que empezara el movimiento Minuteman o de que se discutiera cualquier medida de reforma migratoria, la

Liga Contra la Difamación (ADL, por sus siglas en inglés), un grupo que por décadas ha vigilado a los grupos de odio y antisemitas, alertó sobre la alianza entre los defensores de la supremacía blanca y los antiinmigrantes.

"Los grupos antiinmigrantes están realizando una campaña de vigilancia e intimidación, y su ideología tiene el sello de la retórica de odio que promueven racistas y antisemitas", dijo ya en 2003 Bill Straus, director regional de ADL en Arizona, cuando ya comenzaban a operar las primeras milicias vigilantes fronterizas.

Durante los días y meses que siguieron al nacimiento de los vigilantes fronterizos Minutemen, hubo reportes esporádicos de que grupos racistas que aún funcionan en Estados Unidos estaban uniéndose a los Minutemen o formando sus propios grupos y usando el tema migratorio para organizarse.

Pero aunque los grupos marginales, con tintes extremistas, resultaban preocupantes, no dejaban de ser una magra minoría. Su influencia se fue haciendo mayor paulatinamente, cuando su preocupación ante la *tercermundización* de Estados Unidos y el cambio demográfico —lo que ellos llaman "la invasión"— llegó a convertirse en la discusión normal de todos los días, en torno al tema migratorio, gracias a programas de radio y televisión, a políticos locales y nacionales, y a grupos con apariencia respetable que cabildeaban en Washington, D.C.

Los delitos de odio contra los latinos aumentaron lenta pero constantemente a lo largo de la década, al menos en las cifras oficiales del FBI, que nunca muestran la realidad total, sino apenas un reflejo pálido de ella.

Y, aparte de varios casos más o menos bien publicitados de ataques de odio contra inmigrantes en diversos puntos del país, las consecuencias de todo este ambiente se vieron realizadas en movimientos políticos concretos, en ciudades y estados, para erigir una suerte de cerco legal en torno a los inmigrantes sin papeles del que no pudieran escapar.

Un delito de odio

La que sigue es sólo una de muchas historias. Este texto proviene de una de mis columnas, publicada en el periódico *La Opinión* el 5 de mayo de 2009.

El era un joven mexicano, indocumentado, de 25 años. Su nombre era Luis Eduardo Ramírez Zavala y el 12 de julio de 2008 fue interceptado por 6 jóvenes, jugadores de fútbol americano, en el pueblo de Shenandoah, Pennsylvania, mientras acompañaba a su casa a la hermanita menor de su novia Chrystal.

Hubo insultos, hubo una pelea. Luis Eduardo murió con el cráneo destrozado.

Numerosos testigos señalaron antes y durante el juicio que varios de los jóvenes blancos gritaban "malditos mexicanos váyanse de aquí" y otras cosas que no se pueden publicar.

Tras el asesinato, las autoridades locales comenzaron justificando a los jóvenes; uno de los acusados era familiar de una autoridad local. Cuando el caso tuvo resonancia nacional, gracias a grupos latinos y activistas locales que protestaron, les formularon cargos a dos de los jóvenes. La acusación presentó numerosos testigos de la forma violenta en que Luis Eduardo Ramírez fue asaltado; la defensa de los dos muchachos sólo ofreció testigos.

En el juicio criminal, terminado en mayo de 2009, tras deliberar casi 8 horas, el jurado —todos blancos— hallaron a los dos jóvenes culpables de asalto y otros cargos menores, pero no de asesinato ni de intención racial.

74

Gladys Limón, abogada del Fondo Mexicoamericano para la Defensa Legal y Educación, una organización latina que proporcionó asistencia en el caso, declaró que no se entiende la decisión del jurado, a menos que los miembros del mismo desoyeran los llamados de la ley y las instrucciones del juez.

"Se presentaron en el juicio evidencias incontestables sobre una reunión llevada a cabo en casa de uno de los involucrados, junto con autoridades locales, para ponerse de acuerdo sobre la historia que iban a contar. Además los exoneraron de cargos menores que eran evidentes, como poner en peligro la vida de otra persona", dijo la abogada. "Lo que aquí hubo fue un colapso total de la justicia".

Es interesante leer comentarios publicados por la prensa local.

John Dombrosky, de 36 años, vecino de Shenandoah, que fuera entrenador de fútbol de los jóvenes acusados, dijo que estos "eran buenos muchachos que bebieron mucho y estuvieron en un altercado… desafortunadamente, alguien murió. Los muchachos pelean. Lo siento por los niños —los hijos del joven mexicano— pero él también tiró sus puñetazos".

El joven mexicano tiró sus puñetazos para defenderse de un equipo de 6 jugadores de fútbol americano, cayó al suelo, él mismo se rompió el cráneo y luego, él mismo de nuevo, se pateó la cabeza terminando de matarse. ¿Se imaginan si hubieran sido seis mexicanos indocumentados contra un joven local? ¿Apostamos?

Otros residentes lo tienen más claro.

"Si fuera al revés los colgarían", dijo Noreen Bayliff, otra de las vecinas. "Este hombre murió, no importa su estatus migratorio. Aquí ha habido problemas antes entre blancos e hispanos. Este pueblo fue construido por inmigrantes irlandeses, italianos y del este de Europa, y aquí siempre ha habido muchos prejuicios".

■ ■ ■

Unos meses después del veredicto en el caso criminal de Shenandoah, y de haber escrito esta columna, el Departamento de Justicia emprendió una acusación federal por violación de derechos civiles contra Piekarsky y Donchak y tres policías presuntamente involucrados en el encubrimiento del caso.

Tras sendos juicios, un jurado en Pennsylvania condenó a Piekarsky y Donchak por haber cometido un delito de odio que resultó en una muerte, y los sentenció a nueve años de prisión. Unos meses antes, al ex jefe de policía Matthew Nestor lo hallaron culpable de falsificar una denuncia policial, mientras que al policía William Moyer lo hallaron culpable de mentirle al FBI y un tercer agente fue exonerado.

Luis Ramírez fue una víctima del odio contra los inmigrantes.

CAPÍTULO 7

Hazleton y el shock demográfico de una pequeña comunidad

Todo comenzó en una pequeña ciudad montañera de Pennsylvania cuyo nombre fue mal escrito en el momento de su fundación: la que debió ser Hazelton se quedó Hazleton y así se hizo famosa en la primera década del siglo XXI como la municipalidad que inició una avalancha de leyes locales destinadas a expulsar a los inmigrantes.

Corría el año 2006 y su alcalde, el apuesto Lou Barletta, descendiente de los italianos que llegaron algunas generaciones atrás a trabajar en las minas de carbón, lideraba un movimiento para resolver "el problema de los ilegales". Su idea: una ley local que castigara a quienes alquilaran apartamentos a inmigrantes sin documentos, y a negocios que los emplearan. También hacía del inglés el idioma oficial de Hazleton. Los negocios y carteles en español, y el uso de ese idioma, se habían hecho comunes en las calles y el día a día de la pequeña ciudad, como en muchos otros rincones de Estados Unidos.

Para Barletta, los inmigrantes sin papeles, los llamados ilegales, se habían convertido en un problema: los causantes de la delincuencia, las drogas y la inseguridad del pueblecito.

Citaba que en mayo de ese año "varios ilegales se acercaron a un

77

vecino y lo mataron de un tiro en la frente. Uno de los individuos tenía cuatro documentos de identidad diferentes". Sus declaraciones fueron publicadas por el periódico el *Washington Post*, que hizo un perfil de lo que ocurría en la ciudad —artículo que también apuntó, como lo hicieron posteriores estudios, que realmente fueron muy pocos los delitos demostradamente cometidos por inmigrantes sin documentos en esos años en Hazleton.

"A los ilegales, les recomiendo que se vayan", dijo Barletta el día en que, tras una ruidosa reunión del concejo municipal a mediados de 2006, este votó 4 a 1 en favor de la medida. El alcalde había llegado a la reunión con una actitud teatral, envuelto en un chaleco antibalas para protegerse de los indocumentados.

La aprobación de la ordenanza convirtió a Hazleton en noticia nacional, y a Barletta en un invitado preferencial de programas de televisión como el de Lou Dobbs en CNN.

Dobbs, quien al principio de su carrera fue un periodista que cubría temas económicos, estaba en la mira de diferentes grupos activistas por su propagación de las teorías *birther* —que mantienen que el presidente Obama no nació en Estados Unidos. El contenido de su programa cada tarde en la cadena de noticias más importante del mundo (CNN) se había convertido en un constante desfile de extremistas antiinmigrantes y sus seguidores. El programa de Dobbs fue cancelado, sin explicaciones, en noviembre de 2009.

¿Qué pasó en Hazleton para que este movimiento tuviera éxito?

Hubo, en efecto, un incidente trágico que desencadenó la furia del alcalde y de muchos residentes del pueblito, como lo cuenta David Sosar, residente de toda la vida de Hazleton y profesor de Kings College, una universidad católica en el pueblo vecino de Wilkes-Barre, Pennsylvania.

"Hubo una serie de incidentes, siendo el más notorio el de la muerte a balazos en 2006 de un joven en Green Street, a media cuadra del periódico local. Green Street se cruza con la calle Wyoming, una de las calles donde se establecían muchos recién llegados; había allí muchas tiendas y negocios establecidos por esa población, que provenía de Nueva York y Nueva Jersey", cuenta Sosar.

Entre los arrestados había dos dominicanos sin documentos, pero esta fue sólo la gota que rebosó el vaso y llevó a la aprobación de la ley contra los inmigrantes indocumentados por un delito que nunca se esclareció del todo.

Barletta también argumentaba que los ilegales costaban dinero al gobierno local en seguridad, escuelas y otros gastos, aunque la mayoría de esos costos eran reembolsados por el estado o el gobierno federal. Los beneficios de la mano de obra de los inmigrantes, y la revitalización de una comunidad que estaba desfalleciendo a principios de la década, nunca se mencionaron.

"No sería la primera vez ni la última que un delito que estremece a una comunidad es utilizado para impulsar leyes draconianas", señala José Pérez, abogado del Fondo Puertorriqueño para la Defensa Legal (PRLDF, por sus siglas en inglés) que demandó a Hazleton por la ordenanza. "Se hizo después en Arizona con la muerte de un ranchero, que los medios atribuyeron primero a un ilegal para luego desmentirlo, y se ha hecho en otros casos. La realidad es que cuando, en el juicio posterior, los abogados le tomaron testimonio, el alcalde Barletta no pudo presentar verdaderas pruebas de que la comunidad inmigrante estuviera elevando la tasa de criminalidad en el pueblo, ni pudo comprobar ninguno de sus otros argumentos".

Cuando se cometía algún delito en Hazleton, como un asunto de drogas o un robo, y los sospechosos eran de origen hispano, las autoridades y el periódico local solían enfatizar el estatus migratorio de los presos, reforzando la idea de que los inmigrantes ilegales eran delincuentes.

Como ejemplo, un artículo del periódico local el *Times Leader*, describía el 7 de septiembre de 2007 una llamada Operación Boomerang que involucró a unos cien agentes locales, estatales y federales en desarticular una red de vendedores de cocaína en Hazleton. Ese día en un operativo fueron detenidos entre quince y veinte sujetos, y se esperaban más. Sólo dos de los detenidos eran inmigrantes indocumentados, pero ese hecho se destacó en el subtítulo del artículo, que también describe la detención de un capo de cuidado llamado Jorge Rivera, que tenía varios alias y tiene un archivo en el FBI que data de 1984, con arrestos en San Juan, Puerto Rico, por robo de auto y en Nueva York por venta de marihuana.

No está claro si Rivera es uno de los mencionados ilegales, o si era dominicano o puertorriqueño. En ese último caso sería hispano, más no ilegal, porque los puertorriqueños son ciudadanos estadounidenses, hecho que al parecer aún escapa a muchos.

Pero en su estilo de no perder ninguna oportunidad para enfatizar el problema de la inmigración, el alcalde Barletta, en tono rimbombante declaró: "Todos los narcotraficantes, usuarios de drogas, ilegales o pandilleros que tuvieron la suerte de no ser atrapados en esta ocasión, deben preguntarse ahora: ¿quien será el próximo en caer? Quizá sea usted".

Esas declaraciones fueron publicadas íntegras en un artículo del periódico local.

Los miles de probables inmigrantes indocumentados asentados en Hazleton, que tenían negocios y familias, y que aparte de no tener documentos cumplían con las leyes, eran mencionados constantemente en el mismo renglón que los peores criminales por el alcalde y los medios de comunicación de Hazleton. Para ellos, ser indocumentado equivalía automáticamente a ser el peor delincuente; sin embargo, los delincuentes señalados eran apenas un puñado de los cientos y hasta miles de hispanos que habían llegado a ese lugar durante esos años, en busca de una mejor calidad de vida.

Esa era una situación potencialmente explosiva en un pequeño pueblo de clase trabajadora como Hazleton. Allí había ocurrido en los últimos años un tremendo cambio demográfico, que sucedía por primera vez en la memoria reciente de pequeñas ciudades y pueblos de Estados Unidos, hasta ahora *protegidos* de la nueva ola latina, inicialmente arribada a las grandes ciudades del país durante las décadas de los ochenta y noventa.

En 2000, Hazleton tenía unos 20.000 habitantes, menos de 5% de los cuales eran de origen latino, principalmente dominicanos y puertorriqueños, que huían de los precios altos y la vida agitada de Nueva York y sus alrededores.

Esta era una de tantas pequeñas ciudades o pueblos estadounidenses que vivieron épocas de oro en siglos anteriores, pero que durante el siglo XX tuvieron que luchar para sobrevivir, y estaban en franco declive hacia la década de los ochenta. En el siglo XIX, se descubrieron allí unas ricas minas de carbón, cuya explotación ayudó a establecer la primacía industrial de Estados Unidos. Pero esa riqueza se fue desvaneciendo tras la Segunda Guerra Mundial, luego que surgieron fuentes relativamente más limpias de energía.

Posteriormente, la economía revivió gracias a otra industria que había surgido con el siglo XX: la fabricación de telas de fibra natural y sintética para la industria del vestido. En Hazleton estaban la mayor de las fábricas de la entonces gran Duplan Silk Corporation, que finalmente cerró en 1953. Se decía localmente que la mafia italiana usaba el pueblo y sus industrias como frente para sus negocios ilícitos.

No obstante, hacia finales del siglo XX, que tan auspiciosamente había empezado, Hazleton estaba en decadencia, con un centro urbano solitario y abandonado por grandes tiendas, y una economía en declive. En el año 2002, la revista *US News & World Report*, publicó un artículo titulado "Carta desde Pennsylvania, un pueblo en busca de un mañana", que describía los problemas de la otrora próspera ciudad, la cual en su momento había sido la tercera del país en tener un sistema eléctrico.

Pero las cosas habían cambiado hacia la mitad del decenio: según estimativos del sondeo comunitario del Censo, Hazleton ya tenía —oficialmente— unos cinco mil pobladores latinos, una cuarta parte de su pequeña población.

La incomodidad con grupos étnicos algo diferentes no era nueva en ese rinconcito de Pennsylvania, comenta Sosar. "Yo soy descendiente de italianos y polacos, y en estos pueblitos, cuando llego a un lugar, aún hay mucha gente que tiene motes especiales, bromas. Cuando alguien se molesta usa determinados nombres o referencias raciales, hasta insultos", comenta. "Así es la situación en estos pequeños pueblos; siempre ha sido igual".

Pero esta vez, el cambio fue muy rápido y los informes sobre "ilegales descarriados" fueron demasiado para la pequeña ciudad, cuya ciudadanía, incluyendo a los propios vecinos y comerciantes inmigrantes, comentaba que la inseguridad parecía estar aumentando. El talento político e histriónico del alcalde Barletta hizo el resto.

El alcalde siempre hablaba en términos generales sobre un aumento en la delincuencia de Hazleton, delincuencia que según él era principalmente atribuible a los indocumentados. "Se están cometiendo más y más delitos violentos y arrestando más narcotraficantes, y cada vez son más numeroso los ilegales involucrados", dijo Barletta una vez al periódico *Washington Post*. Nunca citaba cifras.

Lo que no se destacó en los periódicos con igual insistencia fue que los inmigrantes que llegaron de otras ciudades, incluyendo los hispanos, ayudaron a revitalizar a Hazleton, comprando casas viejas y remodelándolas, abriendo negocios como mercados, restaurantes y barberías, y proporcionando mano de obra vigorosa en los parques industriales de la zona, donde abundan las procesadoras de carne y pollo.

El alcalde Barletta quería ir a Washington, y justamente en esa ciudad se estaba discutiendo en el Congreso el tema de la reforma migratoria y la inmigración indocumentada. En abril y mayo de ese mismo año, multitudinarias manifestaciones de inmigrantes y sus partidarios tomaron las calles de las principales ciudades del país, y algunas ciudades y pueblos más pequeños, pidiendo la legalización de millones de indocumentados y oponiéndose a los intentos de algunos en el Congreso de criminalizar cada vez más a los inmigrantes, sin ofrecer una solución integral al problema.

Algunos manifestantes portaban banderas extranjeras, pero sobre todo había millones de inmigrantes descubriendo claramente su estatus indocumentado y su apoyo a ese grupo demográfico, cuya presencia generaba candentes discusiones políticas y temor en algunos sectores de la población. Por lo que esas marchas dieron aún más impulso a un ambiente que inducía a políticos locales a buscar soluciones propias, o al menos a hablar sobre el tema. ¿Cómo se atrevían estos ilegales a exigir algo?

Como suele decirse, Barletta supo leer la borra del café. Este descendiente de inmigrantes italianos es un político que abriga grandes ambiciones. Había sido alcalde de Hazleton, su ciudad natal, desde 1999, luego de intentar infructuosamente convertirse en jugador profesional de béisbol, y de trabajar en los negocios familiares de la construcción y gasoil. También fue dueño de su propia empresa de marcado de vías y autopistas, que resultó tan exitosa que cuando la vendió en el año 2000, se había convertido en la más grande de Pennsylvania.

Apenas pasados tres años de su elección como alcalde, en 2002, Barletta hizo su primera campaña al Congreso federal y perdió; y volvió a perder cuando de nuevo se lanzó en 2008, un año poco favorable a la elección de republicanos. Siendo Barletta un republicano previamente elegido en una ciudad mayoritariamente demócrata. Reelecto dos veces como alcalde, en 2003 y 2007, finalmente logró su sueño de llegar a la Cámara de Representantes en 2010, el año en el que los republicanos recobraron la mayoría en la cámara baja del Congreso.

Cuando Barletta se fue en 2010, no era mucho lo que había cambiado en su pequeña ciudad. La Unión Americana de Libertades Civiles (ACLU, por sus siglas en inglés) del noroeste y el Fondo Puertorriqueño de Defensa Legal habían demandado a la ciudad en 2006 y obtenido una orden judicial que impidió la aplicación de la ley mientras se debatía su compatibilidad con la Constitución. La lucha legal continúa, pero Hazleton sufrió una fuga temporal de inmigrantes asustados con toda la atención y los sentimientos de hostilidad que se despertaron contra los latinos —¿cómo determinar quién es legal o ilegal?

No obstante, la población hispana ha seguido en Hazleton; y a pesar de que la ley que supuestamente salvaría la vida de sus habitantes nunca ha sido aplicada, la ciudad sigue creciendo y el nuevo alcalde, Joseph Yannuzzi, declaró recientemente a los medios que "la gente viene de las grandes ciudades a un pequeño pueblo por las escuelas y las actividades públicas. Tenemos nuestros problemas, pero Hazleton es más segura [que esas ciudades]".

Incluso el representante Barletta declara que es bueno que haya aumentado la población de la ciudad por primera vez en setenta años, según las cifras del Censo 2010.

"Es bueno que crezcamos, eso ayuda a atraer negocios a la ciudad", dijo Barletta en un artículo publicado en el periódico local, el *Hazleton Standard Speaker* en marzo de 2011, que da cuenta de las nuevas cifras del Censo. Hazleton creció en población neta por primera vez desde 1940, y el crecimiento se debe principalmente a que la población latina es ahora casi 40% del total.

El profesor Sosar piensa que en realidad la población latina es más cercana al 50%. Otras ciudades de los alrededores también han crecido y se han rejuvenecido, con más niños en las escuelas. El aumento de población hace también que fluya más dinero federal para escuelas, Medicaid y cuidado de acogida, entre otras cosas.

El pánico por los ilegales en Hazleton todavía ataca de vez en cuando a Barletta, que recientemente dio un discurso en el pleno de la Cámara de Representantes, contando la anécdota de "un hombre en mi distrito que fue detenido por exceso de velocidad... no hablaba inglés, tenía antecedentes, no tenía trabajo, no sabía dónde vivir y tenía consigo dos tarjetas de beneficios públicos... sin embargo el ICE no lo arrestó. No debemos permitir que gente así defraude a los contribuyentes estadounidenses, millones de estadounidenses que pagan impuestos...".

Barletta sigue hablando en anécdotas y no en cifras, asumiendo que los inmigrantes sin documentos no pagan impuestos y extrapolando casos individuales hacia toda una comunidad. Y es así como ha llegado a ser congresista de los Estados Unidos de América.

CAPÍTULO 8

Los gobiernos locales toman la ley en sus manos

El nombre de la pequeña ciudad ubicada en el desierto de Mojave es difícil de pronunciar: Pahrump. Está a sesenta millas al noroeste de Las Vegas, y muy cerca de la frontera entre Nevada y California. El nombre se deriva de un vocablo indígena que significa "agua entre rocas", debido a la presencia de pozos artesianos bajo la superficie del valle, que durante años fue casi exclusivamente un sitio de rancherías. Después de 1960, cuando se construyó la primera carretera pavimentada, se convirtió en un lugar de paso entre Death Valley y Las Vegas.

El pueblecito de Pahrump alcanzó notoriedad a mediados del primer decenio del siglo XXI, porque el rey del pop, Michael Jackson, compró una casa allí en 2008, después de ser absuelto de las acusaciones judiciales en su contra; y allí mismo montó un estudio. Estaba realizando espectáculos en Las Vegas, y el pequeño pueblo empezó a recibir la asidua visita de cámaras y paparazzi.

Pero los vecinos y líderes de Pahrump ya habían hecho suficientes méritos un par de años antes al aprobar una ordenanza local que atrajo atención global: en 2006, por orden del concejo municipal, quedó prohibido ondear una bandera extranjera a menos que por encima de ella se colocara la de Estados Unidos.

Por absurdo que parezca —y además inconstitucional según la

ley estadounidense, porque ondear una bandera es un acto de libertad de expresión protegido por la Primera Enmienda— muchos habitantes del pueblecito de nombre extraño estaban de acuerdo con sus líderes el 14 de noviembre de 2006 cuando aprobaron la ley, que además declaraba al inglés el idioma oficial del pueblo y prohibía dar servicios locales a inmigrantes. Servicios que, según el periódico *Las Vegas Review-Journal*, realmente no existían, o simplemente no se podían negar, como educación y atención de emergencia, o el uso de bibliotecas.

¿Qué pasaba en Pahrump?

Un incidente que ocurrió poco después de aprobada la mencionada norma podría ofrecer algunas claves. Los vecinos Bob y Liese Tamburrino, indignados por lo ocurrido, decidieron realizar un acto de desobediencia civil, izando las banderas italiana y polaca sobre el garaje de su casa.

Al día siguiente, la bandera italiana estaba salpicada de huevos crudos, que alguien había lanzado durante la silenciosa noche. Bob Tamburrino llegó a su propia conclusión: "Seguramente pensaron que era una bandera mexicana", comentó, ya que las dos banderas —mexicana e italiana— tienen los mismos colores, aunque la mexicana tiene un escudo en el centro.

Lo que había ocurrido en Pahrump es lo que ocurrió en otros pueblos y ciudades remotas de Estados Unidos, donde la presencia de extranjeros, en particular inmigrantes mexicanos, tomó por sorpresa a una región que durante decenios no había visto un número significativo de recién llegados. Y además, era gente que hablaba otro idioma y lucía tez morena.

Las noticias registradas en los periódicos locales nos ofrecen más datos. La propuesta inicial de la prohibición de banderas estuvo a cargo del concejal Michael Miraglia, quien declaró a la prensa, sin contemplación alguna, que estaba "cansado de que la gente no hablara inglés" en su pueblito. Como ejemplo, mencionó su experiencia en un restaurante, en donde un trabajador no le entendió cuando pidió una servilleta.

Bienvenidos a la primera década del siglo XXI, en el cual municipios y estados aprueban leyes muy difíciles, o hasta imposibles, de aplicar y a menudo inconstitucionales, pero hacen que muchos se sientan mejor respecto a lo que les incomoda: ese rápido crecimiento de la población de extranjeros en su entorno inmediato. También es un método rápido de alcanzar notoriedad y fama para políticos locales con ambiciones.

Las razones en que se sustentan esas disposiciones normativas suelen parecer plausibles. El argumento básico luce muy serio: la rápida entrada de personas sin documentos amenaza la seguridad pública, genera costos al gobierno local y es pura y simplemente intolerable, debido a su naturaleza ilegal. Además, se alega, usurpan los empleos a los lugareños.

El problema real con estas medidas es que su efecto es dudoso, y las intenciones detrás de ellas lo son aun más. No está claro qué beneficio comunitario se lograría con la prohibición de una bandera, la proscripción de idiomas diferentes al inglés o la negación de servicios que no existen para gente sin documentos. Tampoco hay muchas pruebas de que se esté logrando lo que supuestamente se busca: expulsar a los inmigrantes sin documentos, sacarlos de la ciudad, condado o estado. Los demógrafos, una y otra vez, comprueban que los migrantes mexicanos en Estados Unidos sólo se van de un lugar cuando no encuentran trabajo —la misma razón por la que vinieron de México— y lo hacen hacia lugares donde sí encuentran empleo, y donde van conformando comunidades.

En Pahrump, como ocurrió en Hazleton, Pennsylvania, algunos inmigrantes inicialmente se fueron, asustados por la atención mediática y las ordenanzas aprobadas con el fin de hostigarlos. Pero años después, en ambos lugares, el crecimiento de la población latina inmigrante sigue imparable, como lo muestra el Censo 2010.

El crecimiento poblacional vertiginoso pareció causar mareos a los lugareños. Pahrump tenía poco más de 2.000 habitantes en 1980, pero subió a más de 7.000 en 1990, y llegó a 24.000 en 2000. En el Censo 2010 la población llegó a 36.000. En 2000, sin embargo, la presencia de minorías era muy pequeña y los operarios del Censo se manifestaron sorprendidos por la falta de niños en el pueblo. La población hispana era de 7,6% y el 91% de los habitantes eran de raza caucásica o blanca. La población negra no pasaba del 2%.

Pero en ese mismo decenio, el crecimiento de Las Vegas, su auge inmobiliario y los empleos en la industria de la construcción, atrajeron una nueva población trabajadora, y para 2009, oficialmente, la proporción de población blanca había bajado, por primera vez en su historia, al 74% y la hispana llegaba al 15%, mientras que la negra alcanzó el 12%.

El pueblo comenzó a ver cada vez más negocios de inmigrantes con rótulos en español, y a escuchar el idioma en sus calles y escuelas. No se sabe que se haya registrado aumento alguno de la delincuencia; quizá a los políticos en funciones no les llegó a tiempo el guión de Hazleton, Pennsylvania.

Pero lo que pasó en este pueblo está ocurriendo en todos los rincones de Estados Unidos. Si bien hace veinte años la población inmigrante mexicana, y de otros países latinoamericanos, estaba concentrada en estados donde ya había una población hispana de gran tamaño —Nueva York, California, Florida y Texas—, todo cambió durante el decenio comenzado en 2000.

"Los latinos inmigrantes han ido esparciéndose por Estados Unidos en busca de empleos, que ya no son tan abundantes en esos estados tradicionales donde ya hay demasiados paisanos...", apunta Gary Painter, economista de la Universidad del Sur de California, que estudia el efecto de los inmigrantes en el mercado laboral. "Particularmente en este último decenio se han ido a sitios donde la gente no está acostumbrada a ver muchos hispanos, como Kansas, Wyoming y el estado de Washington".

Esto precisamente tiene mucho que ver con el surgimiento de leyes locales que intentan regular la inmigración, o al menos la presencia de esta nueva población. En base a los estudios de demógrafos y sociólogos, las ciudades y condados que durante la última década aprobaron, o consideraron aprobar, medidas contra los inmigrantes sin estatus legal, habían experimentado un rápido crecimiento de la población extranjera, precisamente durante esos años.

"Los análisis demuestran que el cambio en la proporción de población extranjera entre 1990 y 2000 sirve para pronosticar en dónde surgirá una propuesta local para regular la inmigración, lo mismo que la tasa de desempleo y la mayor proporción de extranjeros", señala un reporte de Kevin O'Neil, investigador del Departamento Demográfico de la Universidad de Princeton.

En otras palabras, la llegada de personas que hablan otro idioma, y tienen diferente aspecto, genera temores y reacciones en los lugareños. En casi ninguno de estos casos, la redacción de ordenanzas locales tuvo en cuenta ninguna contribución de los recién llegados a la economía del lugar o que, en muchos casos, los inmigrantes recién llegados de otra localidad o estado quizá eran tan ciudadanos como los nacidos allí.

Pero en Pahrump, la incomodidad por la presencia de los mexicanos era palpable. Al menos lo fue el día de una gran discusión en el concejo municipal, a la cual llegaron docenas de residentes a hacer escuchar su voz y sus quejas. Esto fue lo que se escuchó:

"Estas personas no hablan inglés, esquilman dinero y recursos que nuestros ciudadanos necesitan", dijo Elliott Brainard, uno de los asistentes a la reunión en la cual se discutió la ordenanza. Otro hombre llevaba un pañuelo en la cabeza con los colores de la bandera estadounidense y una camiseta que decía: "Habla inglés o vete a la mierda".

Buena parte de los presentes emitieron expresiones similares. Quienes hablaban en contra de la ordenanza, o en favor de la tolerancia, eran abucheados. Y varios ciudadanos de origen mexicano con negocios en el pueblo reportaron incidentes de hostigamiento.

Lucero Enríquez, dueña de Mi Ranchito Market en Pahrump, le dijo al periódico *Las Vegas Review-Journal* que recibió una postal anónima que decía: "Nos sentimos enfermos al ver a mexicanos caminando por nuestras calles con dos o tres niños y la madre tiene dos más en la panza… ustedes están abusando y destruyendo nuestro sistema de asistencia social".

El pueblito de Nevada no fue el único lugar donde esto ocurrió durante la primera década del siglo XXI, aunque pocas ordenanzas fueron más fútiles y difíciles de aplicar que la prohibición de banderas extranjeras.

En esa década, más de doscientos municipalidades y condados adoptaron, o consideraron adoptar, políticas de control de inmigración que variaban entre restricciones en la contratación o alquiler de viviendas a inmigrantes no autorizados, pasando por el uso de la policía local para colaborar con las autoridades federales de inmigración, y el establecimiento de leyes "Sólo inglés". Otra popular medida fue la de promover el cierre de centros de jornaleros, establecidos por localidades para coordinar el empleo de jornaleros que de otra manera se paran en calles y esquinas esperando que los recojan para trabajar en la construcción, la jardinería y muchas otras clases de trabajo a destajo.

Más recientemente, han surgido llamados a dejarse de tanto proceso político y directamente *dispararles* a los inmigrantes, es decir, resolver el problema a balazos. Curiosamente, los más llamativos comentarios vienen de políticos en estados donde la presencia inmigrante es más reciente, como Virgil Peck, de los llanos centrales de Kansas, estado que vio a la comunidad inmigrante latina crecer un 59% en la primera década del siglo XXI.

"Me parece que si disparar a estos inmigrantes como se dispara a cerdos salvajes funciona, habremos encontrado una solución al problema de la inmigración ilegal", dijo Peck a principios de 2011. La difusión de estos comentarios causó una reacción indignada y algunos de sus colegas lo conminaron a retractarse. El diputado estatal se disculpó sin disculparse, diciendo: "Era un chiste; hablaba al estilo del sureste de Kansas".

Las intenciones se van aclarando. En el verano del mismo año, un candidato al concejo de Kennewick, Washington, dijo que de ser electo impulsaría una norma para emplazar a los ilegales a irse del pueblo en treinta días.

"Y tendrían suerte de tener ese plazo", dijo Loren Nichols, un candidato de cincuenta y cinco años que consideró la inmigración ilegal al mismo nivel que una violación. "Y si no se van, que se atengan a las consecuencias".

Nichols agregó que también apoyaba la idea de castigarlos con la pena de muerte, aunque al estilo del Lejano Oeste. "Creo que deberían dispararles cuando cruzan la frontera", señaló.

Todos estos métodos teatrales demuestran hasta qué punto se ha vuelto emocional el tema de la inmigración ilegal. Este tipo de propuestas no suelen traer soluciones, y muchas son difíciles o imposibles de llevarse a cabo, pero atraen seguidores entre quienes ya están predispuestos a culpar a los inmigrantes de los males, reales o imaginarios, de la sociedad.

Al final, toda la tinta gastada en Pahrump tuvo poco efecto. Los inmigrantes no se fueron y la ordenanza de las banderas nunca fue aplicada. El propio sheriff local se negó a hacerlo, considerando que ya tenía bastante trabajo con perseguir a verdaderos delincuentes. Los políticos a cargo también cambiaron, y se dedicaron a mejores cosas.

La discusión real de cuáles son los efectos —positivos, negativos o una combinación de ambos— de la inmigración indocumentada, o la inmigración en general, usualmente queda de lado, y las conclusiones permanecen en la política superficial.

Lo que sí se ha discutido extensamente es el efecto negativo de estas ordenanzas y normativas locales, y así como hay un buen número de municipalidades que se han subido al tren de Hazleton, hay otras que han hecho exactamente lo contrario.

De hecho, son más de unas cuantas: al menos setenta ciudades y estados del país han adoptado reglas que separan la lucha contra la delincuencia del tema migratorio. En Los Ángeles, esta idea es bastante bien conocida y más o menos antigua: allí donde se requiere que la policía local persiga a los inmigrantes por serlo, la seguridad pública sufre, porque estos dejan de colaborar con la policía.

A esta conclusión llegaron los líderes de la ciudad de Los Ángeles en 1979, compartida incluso por el entonces jefe de policía Daryl Gates, quien estaba lejos de ser un blando o un liberal pro inmigrante. Gates fue más conocido como un jefe duro, que se burlaba de los grupos de derechos civiles, cuyo departamento policial, fuera de control y plagado de racismo, provocó los disturbios de 1992, que evidenciaron las fracturas sociales y raciales de la ciudad y el desprecio que sus agentes de policía despertaban en las comunidades minoritarias.

Pero el propio Gates estuvo de acuerdo en 1979 cuando un grupo de estudio llegó a la conclusión de que permitir que la policía local actuara como agente del gobierno federal pidiendo papeles a los inmigrantes, sólo causaría el alejamiento y la alienación de la comunidad latina y que se abstuvieran de comunicarse con los policías, que se negaran a servir como testigos y no ayudaran a combatir el crimen por temor a ser deportados.

Hasta entonces, un policía podía detener a cualquiera para pedirle papeles migratorios. Desde entonces, sólo pueden hacerlo si existe una razón para creer que la persona ha cometido otro tipo de delito. La Orden Especial 40 sigue vigente en Los Ángeles a treinta y dos años de su iniciación. Hay buenas razones para ello.

Una tras otra, las más importantes asociaciones de policías y agencias de la ley en Estados Unidos han reafirmado el principio de que ley regular y ley de inmigración no deben ser aplicadas por los mismos oficiales. Como ejemplo, la Asociación Nacional de Jefes de Policía produjo un documento en 2004 en el que afirmaba las razones del principio. "Los departamentos de policía locales dependen de la colaboración de los inmigrantes, legales o ilegales, para resolver todo tipo de delitos y subversión del orden público".

En pocos años, el movimiento para endurecer las leyes contra los indocumentados a todo nivel se volvió política nacional: cientos de localidades y al menos la mitad de los estados del país consideraron leyes restrictivas contra los inmigrantes.

Estados como Oklahoma, Arizona, Georgia y Alabama aprobaron leyes que ofrecían a los policías estatales y locales la autoridad, y más que eso, el imperativo, de detener a cualquier persona sospechosa de ser indocumentada; establecían castigos a quien transportara, ayudara u ofreciera trabajo, alquilara viviendas a indocumentados o tan siquiera llevase en su vehículo a una persona sin papeles. Sin embargo, con excepción de algunas secciones relacionadas con evitar la contratación de indocumentados, la mayoría de esas secciones normativas han sido impugnadas en tribunales federales, y suspendidas pendiente una decisión final de todos los niveles judiciales.

Pero a principios de 2011, gracias a los efectos negativos tanto económicos como humanos de la más famosa de las leyes contra inmigrantes, la de Arizona, y el impacto en las economías agrícolas de Georgia y Alabama (que exploraremos más adelante en detalle), comienza una reacción negativa amplia contra la presentación de más normas como estas, y en el propio estado de Arizona, la comunidad empresarial cabildea con vigor y logra detener ese mismo año varios proyectos legislativos aún más restrictivos.

Mientras no haya una solución legislativa más amplia al tema migratorio, y la economía no mejore significativamente, es poco probable que la balanza vuelva a inclinarse hacia una política más moderada para con los inmigrantes, según los expertos.

Políticamente, como tantas otras veces en su historia, Estados Unidos debate internamente sobre su futuro y la coherencia de sus principios como nación de inmigrantes, así como cuántos de esos principios les será posible retener en el nuevo milenio.

CAPÍTULO 9

Arizona, Alabama y las leyes antiinmigrantes de Kobach

El estado de Arizona podría ser mejor conocido como el territorio donde se asienta el Gran Cañón, o por ser el lugar de nacimiento del líder sindical campesino César Chávez. El nombre Arizona evoca imágenes del Lejano Oeste y el duelo del O.K. Corral, una célebre batalla entre pistoleros que ha sido llevada a la pantalla por directores como John Ford y protagonizada por famosos como Henry Fonda, Burt Lancaster y Kirk Douglas.

Pero en los últimos años, esa legendaria tierra del oeste se ha ganado a pulso una imagen muy diferente como el lugar donde se libra una batalla legal y política para cambiar no sólo las leyes sino el espíritu de Estados Unidos como tierra de inmigrantes.

Desde hace ya varios años, la legislatura de Arizona ha producido una serie interminable de leyes de nivel estatal cuyo objetivo es regular la inmigración y castigar a los indocumentados, la más famosa de las cuales, hasta ahora, es la llamada SB 1070 o Ley de Arizona.

Esta ley, si bien la más conocida y discutida, no es la primera ni la última de las que se han concebido en el capitolio de Phoenix. Tiene como antecedentes, entre otras, una ley de sanciones a empleadores aprobada en 2007 y un referéndum (Proposición 200) aprobado por los votantes en 2004 con el objetivo de restringir el uso de servicios públicos por parte de inmigrantes sin papeles. Además, la Proposición 200 también requería que Arizona pidiera prueba de ciudadanía a quienes se registrasen para votar.

Aun cuando jamás se ha comprobado que el votar ilegalmente sea una de las motivaciones de los inmigrantes cuando arriesgan sus vidas al cruzar el duro desierto de Arizona, hay políticos que no dejan de utilizar la supuesta amenaza a la integridad del voto para generar un temor más en la población estadounidense con respecto a los indocumentados. En un país donde el alto abstencionismo es notable en la mayoría de los comicios, resulta irónico que este argumento funcione para convencer a alguien.

Aunque la Proposición 200 fue aprobada en 2004 por 56% de los votantes entre grandes promesas de que protegería al presupuesto estatal de los "cientos de miles de inmigrantes que vienen a pedir beneficios", la realidad es que su efecto real sobre el problema migratorio parece haber sido mínimo. La mayoría de los beneficios que supuestamente restringía eran ya inaccesibles para los indocumentados; y el fiscal general del estado Terry Goddard trató de limitar su impacto recordando que Arizona, por muy soberano que sea, no puede regir sobre el acceso a servicios federales.

Pero según la periodista Valeria Fernández, quien reside en Phoenix y se especializa en temas de Arizona, el verdadero efecto de esta medida fue el de "asustar a los inmigrantes y ahuyentarlos de las oficinas públicas, los hospitales, las escuelas". Otro efecto importante es la intimidación al votante potencial. El uso de leyes para inhibir el voto de ciertos grupos minoritarios es una tradición bien conocida en la historia estadounidense —y bien condenada por los tribunales.

Así, en octubre de 2010, un panel de la Corte de Apelaciones para el Noveno Circuito falló en contra de la 200, con la predecible conclusión de que esa ley contradecía leyes federales que buscan que el registro de votantes sea suficientemente accesible. Eso no detuvo a Arizona, que volvió a apelar la decisión ante un panel más amplio. La tozudez de grupos dominantes en un estado, empeñados en volver el reloj hacia atrás, ha seguido manifestándose sin tregua.

Desde entonces, Arizona no ha dejado de aprobar medidas controversiales, incluyendo una que niega el derecho a fianza a presos indocumentados; y otra que impide a un trabajador sin papeles cobrar daños y perjuicios aún cuando se accidente en un trabajo. Sin embargo, en marzo de 2011, con su más tristemente célebre ley atascada en los tribunales, y un serio problema presupuestal, la legislatura de Arizona, con apoyo demócrata y de un puñado de republicanos, decidió frenar las medidas contra los inmigrantes, deteniendo varias de ellas.

Hasta ahora no está claro si estas legislaciones han mitigado el problema de la presencia de indocumentados en Arizona. Pero claro que, como la Proposición 187 de 1994 en California —probable progenitora de todas estas leyes posteriores— el verdadero efecto de estos primeros pasos fue engendrar otras medidas similares, y crear un ambiente de radicalización antiinmigrante. Al analizar su efecto, estas leyes no parecen particularmente eficientes en resolver los problemas de fondo que genera la inmigración sin control, y la carencia de una política nacional coherente al respecto.

La Ley de Arizona no sólo ha generado imitaciones en una docena de estados del país, sino que ha servido de plataforma para su autor, el senador Russell Pearce, en su codicia de prominencia política, promoviéndolo a la presidencia del senado estatal, y para alimentar sus ambiciones de llegar a la Cámara de Representantes en 2012. Tras la aprobación de la SB 1070 y luego de acceder a la presidencia del senado estatal, Pearce continuó proponiendo medidas cada vez más radicales, incluyendo su iniciativa de forzar una revisión constitucional de la Decimocuarta Enmienda de la Constitución, para eliminar el derecho a la ciudadanía estadounidense a hijos de indocumentados nacidos en el estado de Arizona.

Todo esto fue posible gracias a la medida más famosa en el Hit Parade de Arizona, la SB 1070. El 23 de abril de 2010, la gobernadora Jan Brewer, una republicana en plena campaña de reelección con pocos logros en su haber, firmó una ley estatal, con bombos y platillos y gran atención, no sólo de medios locales sino nacionales y hasta internacionales. La medida en cuestión, la mencionada SB 1070, fue patrocinada por el senador Russell Pearce, un personaje controversial en sí mismo por su variopinta saga de veterano, ex sheriff de policía y autoproclamado líder en la lucha contra la "invasión de los ilegales", como el mismo lo define.

De hecho, no hay nadie en Arizona que tenga tanto que ver con el endurecimiento de las leyes contra los indocumentados como Russell Pearce. En la biografía que Pearce tiene en su página personal de Internet, escrita en primera persona, heroicamente se autodefine como "uno de los más destacados luchadores en contra de la invasión ilegal, en favor de la seguridad de las fronteras y de aplicar nuestras leyes".

Pero la obsesión de Pearce con el asunto va mucho más allá de un deseo de hacer cumplir las leyes, o de simple y espontáneo oportunismo político. De hecho, Pearce ha convertido el tema en un elemento central de su carrera y ha estado detrás de casi todas las medidas duras contra los indocumentados, desde la Proposición 200 hasta la SB 1070, y tres medidas aprobadas por los votantes en 2006: una enmienda para hacer del inglés el idioma oficial de Arizona; otra que prohíbe a los indocumentados recibir cualquier beneficio derivado de una demanda civil contra ciudadanos; y una tercera que los despoja del derecho a obtener una fianza en caso de ser arrestados por un delito grave.

Tal parece que para Pearce, los indocumentados son el origen de todos los males de Arizona, y perseguirlos es la obsesión de su vida. Quizá sea por eso que en el segundo párrafo de su pintoresca biografía, justo después de hablar de sus antepasados ("mi tío abuelo Joe Pearce fue uno de los primeros Rangers de Arizona, antes de que los desbandaran, y fue el último en morir", escribe), Russel Pearce describe en detalle un incidente ocurrido en el año 2004 en el que su hijo Sean, agente del sheriff, fue baleado por un "extranjero ilegal".

Tan clavado en su mente está ese momento que le dedica un largo párrafo en el que recuerda lo que estaba haciendo y dónde se encontraba en el momento en que le dieron la noticia de que Sean había sido baleado en el pecho y el estómago y se encontraba en estado crítico.

"Estaba en el Instituto Brookings en Washington, hablando sobre las fallas de nuestro sistema migratorio, cuando alguien me dio una nota que decía: hay una emergencia en casa, llame de inmediato. Bajé del podio, encontré un teléfono y llamé a casa, para enterarme de que nuestro hijo había sido gravemente herido". Pearce mismo había sido agente del sheriff durante veintitrés años, llegando a subjefe del Departamento de Maricopa —el que ahora encabeza otro duro contra los inmigrantes, Joe Arpaio. Él también fue herido durante su servicio, aunque el único incidente que cuenta en algún detalle es el de su hijo Sean, que obviamente marcó su vida para siempre y lo mantiene en un estado de indignación permanente. Parecería que, a partir de entonces, todos los indocumentados tienen la cara del hombre que le disparó a su hijo Sean.

No obstante, la racha de buena suerte para Pearce no fue eterna. Si bien el político de Arizona impulsó su carrera durante un buen tiempo sobre la reputación de "luchador contra los ilegales" y llegó a convertirse en el Presidente del Senado de Arizona al poco tiempo de impulsar la SB 1070, ese mismo año los vientos cambiaron y se volcaron en su contra.

Mientras Arizona defendía en los tribunales la legalidad de la medida, atacada por varias demandas por inconstitucionalidad, y el estado seguía sumido en una grave crisis económica, Pearce continuaba enfocado en nuevas medidas antiinmigrantes, entre ellas un fútil intento de retirarle a los hijos de indocumentados la ciudadanía "simbólicamente", ya que los estados no son los que otorgan la nacionalidad de un bebé nacido en su suelo, sino la nación que los abarca. Pero esta vez la comunidad empresarial de Arizona, que vio el efecto de los boicoteos contra Arizona y de la mala fama que su estado adquirió en el proceso, bloqueó con su influencia sobre el cuerpo legislativo varias de sus nuevas iniciativas y las mandó al archivo de suspenso, donde descansan los proyectos de ley que nunca llegan a ver la luz.

Pero peor sería el destino del propio *héroe* de la lucha contra los indocumentados. Popular entre un segmento de los votantes del estado, ya comenzaba a hartar la paciencia de otros grupos y a generar incomodidad en una vertiente de su fe mormona que considera más importantes las enseñanzas de compasión y de bienvenida al extranjero que los temores y obsesiones que Pearce inyectaba en el ámbito político y en su tradición religiosa.

Grupos locales se organizaron en 2011 y encontraron que había mucho en común entre republicanos, demócratas, mormones, cristianos, latinos y estadounidenses de otros orígenes, lo cual los llevó a unirse en torno a una sola causa: destituir a Pearce del puesto legislativo de Mesa, Arizona, que había ocupado durante dieciocho años ininterrumpidos.

Randy Parraz, uno de los iniciadores del movimiento que recogió miles de firmas y llevó a la boleta la pregunta sobre la destitución de Pearce, dijo que al explorar la idea, un grupo de voluntarios recorrió puerta por puerta el distrito representado por el legislador y se dieron cuenta de que mucha gente ni siquiera lo conocía. "Ahí vimos que había una posibilidad de lograr apoyo para destituirlo porque consideramos, y así lo dijimos en la campaña, que Pearce es demasiado extremista para Arizona. Aquí la gente es más moderada en sus ideas políticas". Parraz, quien es demócrata y tiene sus propias aspiraciones políticas, dijo que el grupo "recibió apoyo de todas partes, incluyendo a muchas mujeres republicanas y mormonas".

"Cuando fue electo presidente del senado, le dimos un ultimátum para que se ocupara de cosas importantes, en vez de ello, comenzó a pedir cambios constitucionales y a rechazar fondos federales para el desempleo. Creemos que fue demasiado lejos", indicó Parraz.

El distrito de Mesa es muy republicano y una vez lograda la calificación de las firmas, el estado tuvo que convocar una elección especial para decidir el destino del legislador más tristemente famoso de la región. Otro republicano, también mormón, pero de ideas más moderadas, que prometió concentrarse en los problemas económicos y presupuestales de Arizona, Jerry Lewis, lanzó su candidatura para el puesto.

Los meses siguientes fueron de intensa campaña de base para el movimiento de destitución, incluyendo la lucha por excluir de la boleta una candidata latina falsa que fue impulsada por Pearce para dividir el voto en su contra y confundir al electorado. La oposición a Pearce no se concentró solamente en el tema migratorio, sino en el mal manejo que hizo Pearce de su poder, la falta de efectividad en el área de creación de empleos y economía, y en acusaciones de corrupción en su contra. El 8 de noviembre de 2011, al reportarse el último de los precintos electorales del distrito dieciocho del senado estatal, Pearce había logrado 9.118 votos, un 45% frente a 10.816 o 53% para Jerry Lewis.

Pearce, el político más poderoso de Arizona, había sido destituido por decisión popular.

"Hace un año, cuando su ley de 'muéstrame los papeles' se promulgó, nadie podía predecir que los días de Pearce en la legislatura estaban contados", dijo al día siguiente de la exitosa campaña el líder del Sindicato Unido de Empleados de Servicios (SEIU, por sus siglas en inglés), que representa a muchos trabajadores inmigrantes. "El principal mensajero antiinmigrante de Arizona ha sido derrotado. Ahora nos falta derrotar la ley".

Pero esa historia seguiría librándose en los tribunales aún por algún tiempo.

Un año antes, al día siguiente de la ceremonia de promulgación de la ley, el periódico *La Opinión* de Los Ángeles —el diario en español de mayor circulación en el país— tituló a seis columnas en su primera página: ARIZONA, TIERRA HOSTIL. El 1 de mayo siguiente, como en los días anteriores y posteriores a la firma de la ley, se sucedieron protestas multitudinarias en diferentes ciudades del país en oposición a la ley. Las encuestas, sin embargo, señalaron que una mayoría de los estadounidenses favorecían medidas como la Ley de Arizona, aunque las mismas encuestas también revelan que estarían de acuerdo con una reforma migratoria que regularizara a los indocumentados. En Arizona, sin embargo, se hizo evidente que sólo un lado del debate tiene por el momento el poderío político: el de la restricción y el nativismo.

La SB 1070 o Ley de Arizona, cuyo nombre oficial es el Proyecto de Apoyo a los Agentes del Orden y Vecindarios Seguros, se convirtió así en la legislación más estricta y amplia contra los inmigrantes aprobada en Estados Unidos en varias décadas. La controversia que generó fue mayúscula y sus consecuencias legales aún están por reverberar en la vida del país y sus tribunales.

Como su nombre lo indica, la Ley de Arizona fue concebida, en apariencia, como panacea de la ley y el orden y la herramienta clave en la lucha contra la presencia creciente de inmigrantes sin papeles, a quienes políticos como Pearce y Brewer atribuyen casi todas las culpas de los problemas económicos y sociales de su estado que ellos no pueden —ni intentan— resolver.

En realidad, la Ley de Arizona tiene orígenes e intenciones algo más siniestras, que no fueron precisamente ideadas por Pearce, sino por un abogado, profesor de leyes, ex funcionario del gobierno de George W. Bush y actual fiscal general de Kansas de nombre Kris Kobach. Kobach es la insidiosa mentalidad legal detrás de esta y otras medidas duras contra los inmigrantes, y su filosofía es simple: se llama en inglés Attrition Through Enforcement (desgaste por la acción policial), y no pretende demostrar que las leyes en cuestión sirvan por sí mismas para resolver el problema de fondo de la inmigración: lo que buscan es hacerle la vida tan insoportable al inmigrante sin papeles que este, agobiado por el acoso constante, decida, por su cuenta y riesgo, marcharse del país, o en este caso, del estado.

Según el Centro para Estudios de Inmigración (CIS, por sus siglas en inglés), rama investigativa de la Federación para la Reforma Americana de Inmigración (FAIR, por sus siglas en inglés), se trata de ahorrar dinero en proceso y trámites de deportación logrando que los propios inmigrantes se autodeporten o se vayan, huyendo desesperados de la persecución en su contra. FAIR es un grupo cabildero que propugna la necesidad de restringir la inmigración, tanto ilegal como legal. Para algunos observadores, como el Southern Poverty Law Center, FAIR es una organización ligada a grupos de odio, o un grupo de odio por su propia cuenta.

En agosto de 2006, CIS publicó un documento donde se explican las bondades de este sistema de autodeportación, argumentando que la aplicación actual de las leyes con énfasis en la deportación de extranjeros delincuentes "sólo logrará resultados limitados".

"Combinado con el sistema de 'desgaste', que promueve el cumplimiento voluntario de las leyes migratorias, en vez de enfocarse en la remoción forzada, la población ilegal podrá ser reducida a la mitad en sólo cinco años", dice el mencionado documento, que también agrega que el uso generalizado de esta táctica podría resultar en la autodeportación de unos 1,5 millones de extranjeros cada año. A partir de la promulgación de esta ley, el concepto de "desgaste por la acción policial" se convirtió en la política oficial del estado de Arizona. La frase está en la propia letra de la ley.

No es raro que así sea, puesto que la SB 1070 y numerosas medidas locales en las que concejos municipales quisieron tomar en sus manos la aplicación de leyes migratorias (comenzando en 2006 en Hazleton, Pennsylvania), fueron concebidas y redactadas por el propio Kobach, hoy fiscal general del estado de Kansas y antes asesor principal del Instituto de Reformas Legales de Inmigración (IRLI, por sus siglas en inglés), brazo legal de la antes mencionada FAIR.

FAIR se presenta a sí misma como una organización más en Washington, D.C., que cabildea por hacer cumplir las leyes de inmigración, pero el Southern Poverty Law Center la ha clasificado como una organización con lazos a los defensores de la supremacía blanca y líder del movimiento neo nativista que se viene desarrollando desde hace años en Estados Unidos. Todas estas organizaciones fueron fundadas por John Tanton, un oftalmólogo retirado de Michigan que comenzó hace décadas como activista en la Audubon Society y el Sierra Club, cuya principal obsesión eran los efectos que la sobrepoblación del país tendría en el medio ambiente. Sin embargo, esta obsesión con el tiempo se convirtió en una grave preocupación respecto a la "invasión latina", tal y como lo define Stanton en un memorándum escrito en 1986.

"Gobernar es poblar. En esta sociedad, donde la mayoría manda... ¿se mantiene esta regla? ¿Tendrá la mayoría actual que entregar pacíficamente su poder político a un grupo que simplemente es más fértil?", pregunta Stanton en dicho memorándum. Otros de sus escritos, este de 1993, preconizan la necesidad de mantener una mayoría blanca anglosajona: "He llegado a la conclusión de que para que persista la cultura europeo-americana, se requiere el mantenimiento de una clara mayoría europeo-americana".

Es bastante probable que este sea el objetivo más amplio del involucramiento de estas organizaciones, en busca de restricciones al sistema migratorio, y de influir la redacción de normas locales y estatales para crear el llamado sistema de desgaste.

Es obvio, sin embargo, que el brillante plan tiene sus problemas constitucionales, éticos y hasta morales, tal y como lo ilustra la controversia generada por la ley, la atención mundial y las más de media docena de demandas presentadas contra la misma.

Y es que la famosa SB 1070 fue mucho más lejos que ninguna otra ley anterior en imponer el papel de agente migratorio a cualquier agente de policía local en el cumplimiento de su deber. De hecho, según un análisis legal del Servicio de Investigación del Congreso de Estados Unidos, la SB 1070 se convirtió en un desafío abierto a los años de precedentes legales que limitan la participación de estados y localidades en la aplicación de ley migratoria —un asunto que, según se ha determinado en los tribunales en el país, corresponde al gobierno federal y no a las ciudades o estados.

La cláusula más controversial de la ley no solo permite sino que requiere que los policías locales —aún no siendo agentes de inmigración— averigüen el estado legal de una persona durante cualquier tipo de contacto con la misma. Aunque una enmienda posterior a la aprobación de SB 1070 prohibió que se considere la pertenencia racial o étnica de la persona como la única razón del contacto con la policía, la ley no excluye esta condición por completo y por eso los críticos continúan afirmando que la misma promueve la discriminación por raza o etnia y es por lo tanto anticonstitucional.

En los días y las semanas después de que la gobernadora Brewer firmara la ley —con fecha de entrada en vigor para julio de ese año— se presentaron siete demandas contra la misma, incluyendo una del propio Departamento de Justicia de Estados Unidos.

Las demandas alegan que la Ley de Arizona, en sus diversas cláusulas, es un desafío frontal a varios derechos y cláusulas constitucionales. La mayoría de las leyes locales contra los inmigrantes han caído en los tribunales por violar un principio esencial: la supremacía del gobierno federal en la regulación de la inmigración. Se acusa también a la ley de violar la Primera Enmienda constitucional, que protege las libertades de expresión y asociación, la Cuarta Enmienda contra cateos y confiscaciones sin razón válida y la cláusula de protección del principio de igualdad ante la ley.

El 28 de julio de 2010, un día antes de que la medida entrara en vigor, la juez federal Susan Bolton suspendió la aplicación de buena parte de la misma, pendiente de la evaluación final del tribunal. Más allá de las explicaciones legales o constitucionales que tienen sentido para los juristas, pero no para el común de las personas, está la realidad de lo que esta ley verdaderamente significa. Es muy acertada la definición que hizo Omar Jadwat, abogado del

Proyecto de los Derechos de los Inmigrantes de ACLU: "La ley de Arizona es antiestadounidense. No somos un país de 'muéstreme sus papeles'; nadie cree que sea bueno someter a la gente a hostigamiento, investigación y arresto, simplemente porque se les percibe como extranjeros".

Jadwat tiene mucha razón, pero en algo está equivocado. Sí hay en este país personas convencidas de que la discriminación y el desconocimiento de la carta constitucional se justifican ante los indocumentados. Gente así la hay no sólo en Arizona, sino en las Legislaturas de al menos una docena de otros estados, donde se presentaron clones de la Ley de Arizona, y siguen surgiendo cada mes.

Hay quienes creen que debería existir una constitución poderosa y protectora para unos y otra, menos aplicable, para otros. Siempre, en la historia de Estados Unidos, ha habido gente —generalmente políticos— que han creído que es posible hacer patria o ganar elecciones marginando a un grupo y usándolo como chivo expiatorio de todos los males.

No es la primera vez que le toca a los inmigrantes, es cierto, pero este ataque sostenido, que comenzó a mediados de los años noventa, lleva ya más de quince años, y sus consecuencias para la sociedad estadounidense, y para la minoría de más rápido crecimiento del país —la población latina— podrían ser determinantes.

¿Sweet Home Alabama?

En el otoño de 2011, Detlev Hager, un ejecutivo de la Mercedes-Benz, manejaba un vehículo alquilado por las calles de Tuscaloosa, Alabama, cuando fue detenido por un policía local debido a una irregularidad en las etiquetas de registro del auto. Hager, para su infortunio, no sólo había dejado en casa la licencia alemana de manejar sino también su pasaporte, y sólo tenía consigo una identificación de su país. También, para su mala suerte, Hager tuvo ese encuentro con el policía en momentos en que ese estado sureño de pasado oscuro —las leyes segregacionistas de Jim Crow contra los negros de hace pocas décadas aún reverberan en la memoria— comenzaba a implementar una nueva ley antiinmigrante diseñada por el mismo abogado que escribió las de varios otros estados, incluyendo la SB 1070 de Arizona: Kris Kobach, procurador de Kansas. El objetivo, como en Arizona, Georgia y otros rincones del país, era hacer la vida imposible a los indocumentados para que se "autodeporten". Para ello, la medida incluía una serie de cláusulas para el control policíaco de la población extranjera sin documentos que, como se vería de inmediato en el caso de Hager y otros que vendrían luego, tendrían sus reverberaciones económicas, sociales y hasta diplomáticas.

La ley HB 56, aprobada luego de que los republicanos ganaron una súper mayoría en legislatura de Alabama en las elecciones de 2010, fue promulgada por el gobernador del estado Robert Bentley en junio de 2011. Debía entrar en vigor el 1 de septiembre de ese mismo año, pero las demandas legales pospusieron su implementación hasta mediados de octubre. Fue entonces cuando un Tribunal de Apelaciones —como antes lo hizo un juez federal— suspendió parte de la ley y permitió que siguiera adelante otra parte mientras se evaluaba su constitucionalidad. Aún con su entrada parcial en vigencia, la Ley de Alabama se convirtió en la legislación estatal más severa de todas las aprobadas hasta ese momento en el país, más dura aún que la más famosa hasta entonces Ley de Arizona.

HB 56 requiere que la policía determine el estado legal de una persona sospechosa al momento de cualquier contacto con la autoridad, si existe una sospecha razonable de su estatus indocumentado.

Convierte en un delito grave el manejar sin licencia, castiga severamente cualquier transacción entre un indocumentado y un funcionario público, requiere que los distritos escolares cuenten la cantidad de estudiantes indocumentados y los deporten del estado y prohíbe cualquier beneficio estatal o local a inmigrantes no autorizados.

Son tantas las cláusulas de esta ley y de tanta amplitud que raro sería que no tuviera el efecto que tuvo en la población inmigrante del estado y que incluso salpicara a individuos que no estaban contemplados expresamente en la lista de objetivos, como Hager e Ichiro Yada, un ejecutivo de Honda Motors que fue arrestado la semana siguiente por la misma razón. El arresto de Yada fue aún más absurdo, ya que tenía toda su documentación consigo y aún así, le dieron una multa, que luego fue anulada por la corte. Es posible que luciera "demasiado extranjero" para el terco policía que, por lo visto, no tenía una idea clara de lo que dice la ley de marras, ya que lo que se penaliza no es manejar siendo de otro país sino manejar sin documentación.

Los casos de estos dos extranjeros, pertenecientes a las compañías automotrices que proveen buena parte del motor económico del estado y crean decenas de miles de empleos para la población de Alabama, dieron la vuelta al mundo, pero son simplemente un símbolo de qué tan amplia y problemática es una ley que tan sólo unos meses antes había sido definida por sus patrocinadores en la legislatura como una "ley creadora de empleos". Tan pronto entró en vigencia, surgieron los reportes de sus efectos: inmigrantes saliendo del estado en busca de lugares menos amenazadores, estudiantes que no fueron a la escuela por temor, familias a las que se les negó el servicio del agua en sus hogares y numerosos reportes de uso indiscriminado del perfil racial en la detención de individuos por parte de la policía local. La Oficina de Derechos Civiles del Departamento de Justicia recibió más de mil quejas en los primeros días de que entrara en vigor la HB 56.

Entretanto, el padre putativo de la ley, el procurador de Kansas Kris Kobach, se declaró "orgulloso de haber sido parte del éxito que ha tenido al abrir trabajos para ciudadanos de Alabama". Fue precisamente así, como una ley pro trabajos, que los legisladores vendieron la idea de esta ley a sus ciudadanos. En momentos de alto desempleo, los residentes indocumentados ocupan espacios que corresponden a los estadounidenses, alegaron. Y como ha ocurrido en otros estados, estas afirmaciones no han sido nada fáciles de verificar y más bien las pistas señalan que por el momento ocurre todo lo contrario: los campos y pueblos han perdido mano de obra especializada y residentes que habían revivido zonas rurales en decadencia, las escuelas han perdido alumnos y el temor se ha apoderado de la comunidad inmigrante y de cualquiera que luzca como si lo fuera.

Si no, cabe preguntarle a Carmen Vélez, una mujer puertorriqueña que fue a renovar la matrícula de su vehículo al Departamento de Vehículos Motorizados (DMV, por sus siglas en inglés) de una ciudad en Alabama y directamente le pidieron su acta de nacimiento, que a pesar de sus quejas, tuvo que ir a su casa a buscar. Al regresar con su certificado de Puerto Rico, dos funcionarios diferentes le dijeron que eso no era en Estados Unidos.

"¿Me está vacilando?", le respondió la mujer, según un reporte de Maribel Hastings, en su blog de America's Voice. "Puerto Rico es territorio de Estados Unidos. Aquí lo que hay es un revolú [desastre] porque ellos no saben qué han aprobado, qué no han aprobado y encima, no saben ni la historia de Estados Unidos".

Pero aunque ni las tribulaciones de Carmen Vélez ni las de cientos o miles de inmigrantes —de ciudadanos estadounidenses como ella— afectados directa o indirectamente le quiten el sueño al gobernador Bentley, las tensiones con la industria automotriz, crucial en importancia para el estado, y la posibilidad de que este estado de cosas termine por afectar la relación de Alabama con otros negocios actuales o potenciales, si hizo algo de mella en los corazones —o bolsillos— de los altos funcionarios del capitolio. Donde no funcionaron los ruegos del efecto en familias inmigrantes, al parecer comenzó a preocupar por otro tipo de impacto, directamente contrario al que había predicho Kobach en cuanto a proveer empleos para los ciudadanos: ¿y qué si esta ley en realidad afectara negativamente la economía de Alabama, por no mencionar el revivir la mala imagen racista del estado?

Los activistas latinos, conscientes de la historia no tan antigua de las leyes segregacionistas del estado, cuna de la lucha por los derechos civiles en los años cincuenta, comenzaron a llamar a la HB 56 la ley "de Juan Crow", pero los líderes de Alabama mantienen que es cuestión de trabajos y de hacer cumplir las leyes. No obstante, a diferencia de Arizona, donde la población inmigrante es considerable, o de numerosas ciudades que intentaron regular la inmigración tras grandes influjos, en este estado sureño, la población latina es aún un porcentaje ínfimo: alrededor del 4% del total, aunque están concentrados en algunas ciudades y pueblos. Aun con ese pequeño porcentaje, los inmigrantes legales e indocumentados ya eran parte importante de la vida económica de Alabama y en particular del trabajo del campo que, por supuesto, fue la primera industria en verse severamente afectada por el éxodo de latinos.

Los economistas serios, por su parte, no creen que la Ley de Alabama sea "creadora de empleos", sino todo lo contrario. En la lista de atributos para que un estado o ciudad sea atractiva para los negocios no está la de tener leyes que convierten al lugar en un virtual estado policial donde incluso ejecutivos extranjeros tienen que probar, una vez dentro del país, que tienen permiso para estar en el mismo y no se trata de otro ilegal más que viene a quitar empleos.

De hecho, el pasado de Alabama y cómo se refleja en las actitudes y leyes recientes podría no ser muy beneficios para atraer inversión extranjera o incluso a inversionistas domésticos. Cuando Mercedes-Benz estaba considerando abrir su planta allí a principios de los años noventa, uno de los altos ejecutivos de esa empresa alemana expresó en repetidas ocasiones su molestia por el pasado reciente y las actividades locales de grupos como el Ku Klux Klan y el hecho de que la bandera de la Confederación Esclavista todavía se erguía en el capitolio estatal.

De acuerdo a recortes de prensa de 1993, Jim Folsom el gobernador de Alabama en aquel entonces, ordenó que se quitara esa bandera del capitolio precisamente para contrarrestar cualquier cuestionamiento del gran productor de automóviles. Como es conocido, la Alemania moderna es muy sensible a su imagen en cuestiones raciales y leyes restrictivas contra ciertas minorías étnicas, por razones obvias que encuentran sus orígenes en su propio pasado (la Alemania nazi).

Pero en el sur estadounidense, la bandera confederada es aún venerada por un grupo de la población que considera que tiene un valor histórico y de orgullo sureño, así como el derecho de los estados a gobernarse como le parezca. Culturalmente hablando, sin embargo, la bandera confederada es algo más: un símbolo de racismo y exclusión y nostalgia por un pasado que era más favorable a este tipo de sentimientos, aún desde el punto de vista de las leyes vigentes.

Pero si el simbolismo de la nueva ley de inmigración no parece tener tanto en común con el de la bandera confederada y el pasado segregacionista —al menos según lo que sus patrocinadores insisten, nada tiene que ver con racismo—, la visión pragmática del asunto es que su efecto económico negativo puede ser mucho más acentuado que cualquier supuesto efecto positivo de abrir trabajos para ciudadanos, que aún no ha podido comprobarse en la práctica en ninguno de los estados donde estas leyes han progresado.

El economista Keivan Deravi, profesor de economía de la Universidad de Auburn Montgomery y asesor presupuestal para la legislatura de Alabama, dijo a un periódico local que la teoría de que al irse los inmigrantes, las cosas mejorarán para el resto "no está basada en ningún tipo de investigación ni teorías económicas".

Los economistas coinciden que cuando los inmigrantes se van, no sólo dejan empleos sino trabajo sin hacer, inseguridad laboral para el empresariado, se llevan a su familia e hijos, que abandonan la escuela —que a menudo significa reducción de fondos estatales para las escuelas locales—, y se va también un consumidor y pagador de impuestos.

Pero más allá del impacto directo en impuestos o productividad, está la percepción que los inversionistas o las empresas puedan tener sobre el estado de Alabama y su regreso al pasado.

"¿Qué imagen da esta situación de Alabama, un estado con un pasado controversial que ahora está de nuevo dispuesta a usar la ley para discriminar contra un grupo que es políticamente desaprobado?", pregunta Chris Westley, otro economista, de Jacksonville State University.

Grupos empresariales de Alabama pidieron revisiones a la ley y declararon que ya comenzaba a tener un efecto negativo en la atracción de empleos. Según una historia publicada por el *Montgomery Advertiser*, un periódico de Montgomery, Alabama, los inversionistas extranjeros expresaron desde el principio su incomodidad respecto a lo que la ley implicaría para cualquier inversión suya en Alabama.

El alcalde de Thomasville, un pueblo cercano a Montgomery,

comentó que la Ley de Alabama y el espectro del pasado ya se estaban dejando sentir en conversaciones con empresas extranjeras que han visitado el lugar en busca de un centro donde abrir sus operaciones.

"Hasta hace unos meses nadie mencionaba el tema, pero ahora ha salido varias veces, esto de la ley antiinmigrante…", dijo el alcalde Sheldon Day. "Y está reviviendo los viejos estereotipos que tanto tiempo nos tomó superar".

Pocas semanas después de su entrada en vigencia y de poner de nuevo a Alabama en boca del mundo por marginar a un sector minoritario de su población —criminalizar a los inmigrantes—, el gobernador Bentley se vio obligado a llamar a líderes empresariales extranjeros y asegurarles que "no estamos contra las compañías extranjeras, sino a favor de ellas".

Así mismo, el procurador del estado comenzó a sugerir cambios en la ley, como eliminar algunas secciones, en particular la que requiere que las escuelas públicas recojan información sobre quien es legal y quien no lo es, cláusula que casi desde el principio fue puesta en suspensión por los tribunales federales.

Entretanto, otros estados aprovechan el desbarajuste en Alabama. A días de la detención del ejecutivo alemán, un periódico del vecino estado de Missouri, el *St. Louis Post-Dispatch*, invitaba a Mercedes a mudar su planta a ese estado: "Mercedes, nuestro estado es mucho más hospitalario", decía el mismo, comprobando que la Ley de Alabama, como mínimo, no resulta ser la mejor de las campañas de relaciones públicas para construir el futuro económico de una región.

TERCERA PARTE

El sueño no tiene visa

CAPÍTULO 10

Los Dreamers y el sueño desechable

No estamos diciendo primero yo, después yo y tercero yo. La idea no es, denme residencia, denme educación, sino denme la oportunidad de regresar a mi comunidad y hacer cambios, denme la oportunidad de trabajar en esta nación y denme la oportunidad de mostrar las cualidades que tengo.
—Grecia Lima, 2008, estudiante de la Universidad de California en San Diego y activista promotora del proyecto de ley DREAM Act.

El proyecto de ley DREAM Act es una pesadilla. Sus defensores están vendiendo la idea para que se apruebe una amnistía masiva para millones de inmigrantes ilegales. El DREAM Act es un asalto doble contra estadounidenses respetuosos de la ley que pagan impuestos y contra los inmigrantes legales.
—Congresista Lamar Smith, 2010, republicano de Texas que se convirtió en presidente del Comité Judicial de la Cámara a finales de 2010

El tráfico infernal de Westwood, cerca del campus de la Universidad de California en Los Ángeles, estaba más atascado que de costumbre la tarde del 20 de mayo de 2011. El Departamento de Policía de Los Ángeles (LAPD, por sus siglas en inglés) envió un alerta de tránsito a los medios avisando que el paso de vehículos era prácticamente imposible.

No era un tráfico como el de otros días. La intersección de

Wilshire Boulevard y Veteran Avenue, una de las más transitadas del país, estaba bloqueada por nueve jóvenes que se sentaron en el asfalto a lo ancho del bulevar. Vestían jeans y una camiseta roja que decía "The DREAM Is Coming", (El sueño ya viene) y en su cabeza portaban un birrete de graduado. Los rodeaban unos cincuenta manifestantes con carteles, entre los que había estudiantes, profesores y activistas.

Los muchachos, todos estudiantes universitarios, algunos de ellos indocumentados y otros hijos de padres inmigrantes, protestaron para llamar la atención hacia el DREAM Act, un proyecto de ley que se ha presentado en el Congreso Federal de Estados Unidos en repetidas oportunidades desde 2001, sin que aún haya sido posible convertirlo en ley, para dar la residencia legal en este país a jóvenes que cumplan ciertos requisitos de estudio o servicio militar. Utilizan la palabra "DREAM", que significa sueño, pero esta en realidad representa las siglas del proyecto de ley: Development, Relief, and Education for Alien Minors (Desarrollo, ayuda y educación para extranjeros menores).

Ese día, los estudiantes fueron detenidos y multados por la Patrulla de Caminos de California. No era la primera vez, ni la última, que jóvenes indocumentados con todo que perder, arriesgaban el arresto en un acto de desobediencia civil, de protesta o de activismo político para dar a conocer su situación. Otros compañeros y profesores solidarios con su situación también se han unido a las protestas.

Poco a poco, a lo largo de los últimos cinco años, los Dreamers (soñadores, que es como ellos se definen), se han convertido en un movimiento nacional formado por una multitud de muchachos y muchachas inmigrantes con sueños de progresar y muchos obstáculos para lograrlo. Han declarado ante el Congreso, han protestado en las oficinas de legisladores, han parado el tráfico, se han organizado en diferentes colegios y universidades y han recabado firmas para evitar la deportación de compañeros. Algunos han sido deportados, otros han logrado no serlo, gracias a mucho respaldo y el uso efectivo de los medios sociales.

La única manera de crear un movimiento eficaz era darse a conocer, ellos y sus historias. Así, muchos de estos jóvenes han salido del anonimato por decisión propia para formar parte de un movimiento activista que ha logrado importancia nacional. Muchos han contado su historia en la prensa, la televisión o Internet. Se han formado grupos de Dreamers en todos los estados, en las universidades y colegios. Uno a uno, docenas de jóvenes que antes vivieron atemorizados y en el anonimato, han decidido revelar su identidad y declararse indocumentados, en un momento donde serlo equivale a un estigma social castigado no solo con un tipo de marginalidad práctica sino, en algunas bocas, con el calificativo de criminal.

Si hasta hoy los medios de comunicación estadounidenses sólo se han enfocado en jóvenes inmigrantes, en particular los latinos, cuando se trata de historias de crimen y pandillerismo o marginalidad, los Dreamers han comenzado a cambiar esta tendencia.

En junio de 2010, durante ceremonias de graduación, dos líderes estudiantiles salieron del clóset migratorio. Pedro Ramírez, presidente del consejo estudiantil de Cal State University en Fresno, de veintidós años de edad, reveló a los medios su estatus de indocumentado; y José Salcedo, de diecinueve años, hizo lo mismo durante un discurso en el campus del Miami Dade College.

Grecia Lima fue una de las primeras líderes de los Dreamers de la Universidad de San Diego, y en el año 2008, durante una conferencia organizada en ese campus, dio un conmovedor discurso. Escucharla es imaginar el potencial y la energía perdida para el futuro de este país si estos jóvenes no pueden integrarse totalmente a su porvenir.

"Siendo una estudiante indocumentada, uno vive entre el privilegio y la marginalización. Uno viene a una universidad llena de edificios que parecen de película y profesores que son ganadores del Premio Nobel, pero uno vuelve a su comunidad y no ve que haya muchos cambios", señaló la joven. "Me siento una privilegiada por estudiar en la Universidad de San Diego, pero no tengo todos los recursos para hacer todos los cambios que quisiera".

A pesar de sus buenas notas y su inteligencia, la Universidad de California en San Diego le negó a Lima una de sus becas AMGEN de enriquecimiento estudiantil e investigación. No por nada personal: las becas están prohibidas para indocumentados; así como la mayoría de los programas de asistencia financiera públicos y privados.

"Sólo quiero decirles que quisiera compartir mis cualidades con ustedes. Compartir quien soy. Quiero investigar y hacer un doctorado en antropología, pero no puedo. Y además, ¿qué voy a hacer después de graduarme?". Aquí Grecia se emociona y las lágrimas empiezan a correr. "¿Por qué este país no me quiere aquí? No lo entiendo".

Podría decirse que los estudiantes indocumentados meritorios son casos aislados. Pero la realidad es que, en un entorno en el que las dificultades son mucho más imponentes que las posibilidades, el continuo surgimiento de estudiantes indocumentados con logros que van más allá de lo esperable, apuntan a que esta es una generación que Estados Unidos debería aprovechar para sí.

Un sonado caso fue el de Walter Lara, uno de los primeros estudiantes sin papeles en recibir la suspensión indefinida de la deportación, gracias a una campaña nacional de recolección de fondos y atención mediática. El caso de Lara fue precursor de otros.

Walter vivió y estudió en Miami desde que sus padres lo trajeron de Argentina a los tres años. En la secundaria logró un promedio de 3.7 del posible 4.0 en sus calificaciones, siempre soñando con estudiar y trabajar como animador en la compañía Pixar. Pero pronto supo que no tenía papeles, ni número de seguro social, por lo que no tendría acceso a becas y la universidad sería prohibitiva.

Aún así, fue a la universidad y obtuvo un diplomado en infografía, con un alto promedio de calificaciones, pero pronto tuvo que ponerse a trabajar como instalador de DIRECTV y diseñar páginas web a nivel freelance. Un día, camino a una instalación, fue detenido e interrogado por las autoridades y admitió ser indocumentado. Terminó detenido y al borde de la deportación.

Pasó veinte días en un centro de detención para inmigrantes en Pompano Beach, y allí conoció a otros jóvenes como él, que vinieron de muy pequeños a este país con sus padres y que no conocen, o recuerdan, otro país que no sea este. Un país que no los reconoce.

"Fueron días muy tristes, había chicos más jóvenes que yo; recuerdo a uno de dieciséis años, muchos mexicanos, haitianos, chinos, argentinos, muchos hispanos", dijo Walter entonces en una entrevista con un periodista local.

Pronto, familiares y amigos se movilizaron y uno de los senadores de Florida se conmovió con su caso, escribiéndole una carta a la Secretaria de Seguridad Nacional Janet Napolitano para rogar que usara su discreción legal y detuviera su deportación, que estaba pautada para el fin de semana del 4 de julio. Sobre Napolitano también llovieron cientos de llamadas de personas solidarias.

El 2 de julio, pocas horas antes de que se cumpliera su deportación, a Walter se la suspendieron por un acto directo de la Secretaría de Seguridad Nacional. Una foto enviada por algunos activistas que lo acompañaban cuando recibió la noticia muestran a un Walter emocionado, tapándose los ojos con las manos y llorando de alivio.

Aunque hasta ahora la administración de Obama se ha negado a los llamados de realizar una orden ejecutiva que, a falta del DREAM Act, suspenda la deportación de jóvenes meritorios, uno a uno ha ido concediendo numerosos casos de Dreamers. Walter fue uno de los primeros, luego han seguido otros, aunque el gobierno de Estados Unidos se niega a entregar las cifras concretas de a cuántos jóvenes les ha suspendido la deportación.

A pesar de que la mayoría de los estudios serios que existen apuntan a un balance positivo desde el punto de vista económico y social de aprovechar el talento y capacidad de trabajo de estos jóvenes, el beneficiarlos de alguna manera es un riesgo político que, por lo visto, ni siquiera un presidente demócrata puede tomar.

Si bien varias encuestas revelan que una mayoría (54%) de estadounidenses favorece el DREAM Act, las opiniones son muy diferentes dependiendo de la tendencia política del individuo e incluso de su edad. Una gran mayoría de jóvenes y personas no blancas (término ampliamente utilizado en Estados Unidos que incluye una serie de razas y grupos étnicos) lo favorece; pero estas no son precisamente las poblaciones que más votan.

Esas encuestas no tienen valor político mientras el gobierno en funciones tema la reacción de ciertas minorías determinantes en estados importantes para ganar puestos del Congreso o la Casa Blanca. En resumen: para que las encuestas tuvieran un efecto, habría que convencer aún a más moderados e independientes de las bondades del DREAM Act, cosa que aún no ha ocurrido.

Pero sean los que sean, aún falta convencer a una gran mayoría de los estadounidenses de que legalizar a esta fuerza juvenil no es sólo un acto de compasión o bondad humanitaria. En realidad, los análisis serios señalan que la legalización de estos jóvenes es una necesidad para la economía de Estados Unidos.

¿Qué es el DREAM Act?

El DREAM Act, en su versión más reciente, es una propuesta de ley que permitiría la legalización a largo plazo de jóvenes indocumentados que se gradúan de la secundaria, tienen buena conducta y moral y llevan una cierta cantidad de años viviendo en Estados Unidos.

No se sabe cuántos de estos jóvenes hay hoy en las universidades y colegios de Estados Unidos, pero existe un cálculo según el cual 65.000 indocumentados se gradúan cada año de la secundaria en todo Estados Unidos. Otros estimativos apuntan a una cifra menor, quizá no más de 25.000.

La mayoría de esos estudiantes vinieron a Estados Unidos cuando niños o muy jóvenes, traídos por sus padres, que ingresaron ilegal o legalmente, en este último caso, con visas de turista que luego expiraron.

Sus vidas como indocumentados no tuvieron mayores consecuencias durante su niñez, sobretodo porque bajo la ley de Estados Unidos, y en particular, desde la decisión Plyler en 1982, un estado no puede negar la educación pública y gratuita a ningún niño, sea o no ciudadano, esté o no legalmente en este país.

Pero la realidad es otra cuando los jóvenes indocumentados, que según estimativos de centros de investigación ya se cuentan en más de dos millones en todo el país, llegan a la edad adulta o cuando se gradúan de la secundaria: asistir a una universidad o conseguir un trabajo es harina de otro costal —para muchos de ellos es simplemente un sueño imposible.

El caso Plyler no abarca a los estudiantes post secundarios, en particular después de que se aprobara la ley de 1996 que permite a los estados restringir el acceso a estudiantes sin documentos a sus casas de estudio. Así que dependiendo del estado, los jóvenes indocumentados que quieren y tengan el nivel escolar para seguir una carrera universitaria no pueden asistir a una casa de educación superior porque, para hacerlo, tienen que pagar tarifas similares a las de los estudiantes extranjeros.

En la mayoría de los casos, este pago es prohibitivo para los hijos de inmigrantes, la inmensa mayoría de los cuales tienen una situación económica difícil. Por ejemplo, en la Universidad de California, los estudiantes que son residentes del estado pagan unos $11.300 al año mientras que los que no residen en California pagan $34.000 al año.

Los indocumentados tampoco son elegibles para las becas públicas, o para la mayoría de las becas privadas, y aunque en California se aprobó en 2011 una ley que otorga acceso a ambos tipos de becas a los estudiantes sin papeles de ese estado, la anterior sigue siendo la realidad en la mayor parte del país. La ley de California, llamada "California Dream Act" en honor a la ley nacional que legalizaría a los estudiantes, según los sondeos de opinión, tiene el apoyo del 55% de los votantes en general y un 79% de los votantes de origen latino. Aún a pesar de la difícil situación presupuestaria del Estado Dorado, donde la caída de los ingresos de impuestos al derrumbe del mercado inmobiliario acentuó los balances deficitarios, la mayoría de los votantes de California consideran más importante educar a estos jóvenes que ahorrarse unos cuantos millones de dólares en aras de la "responsabilidad fiscal".

Durante su niñez y adolescencia, la mayoría de estos jóvenes no saben que tienen un impedimento. Cuando terminan la secundaria y quieren asistir a la universidad, se encuentran con una imponente realidad: no tienen derecho a una tarjeta de identificación, un seguro social o una vida normal. Tienen que vivir en una especie de anonimato o limbo.

"Ser un indocumentado es como ser un niño para siempre: uno

no puede sacarse identificación del gobierno; no puedes hacer nada que requiera una tarjeta de identificación", dijo Stephanie Solís, una estudiante indocumentada de la Universidad del Sur de California, cuyos padres le informaron a los dieciocho años que no tenía un estatus legal en este país.

Solís ha tenido suerte, relativamente hablando. Al vivir en California, puede asistir a una universidad pagando tarifa de residente. Todo eso gracias a que el estado es uno de once en todo el país que ha aprobado leyes que expresamente se lo permite, siendo estos: California, Nuevo México, Texas, Illinois, Kansas, Nebraska, Maryland, Nueva York, Utah, Washington y Wisconsin. En la práctica, también incluye a los estudiantes de Nevada y Minnesota.

En el resto de Estados Unidos, los indocumentados deben pagar cantidades exorbitantes de dinero como estudiantes extranjeros. Algunos estados hasta han llegado a aprobar leyes que *prohíben* la tarifa reducida para indocumentados, como Arizona, Colorado, Georgia y Oklahoma. En Alabama ni siquiera se les permite la presencia en casas de educación superior; en Carolina del Sur tienen prohibido asistir a cualquier centro universitario —paguen lo que paguen— y en Georgia serán rechazados en centros que a su vez hayan rechazado a otros estudiantes calificados por falta de cupo en los dos años anteriores.

Pero aún graduándose queda el mayor problema: la falta de estatus migratorio los condena a pertenecer a una subclase permanente y, en lo más práctico, a la imposibilidad de acceder a un empleo en el que puedan poner en práctica los conocimientos adquiridos en sus estudios. Aún así, los jóvenes indocumentados siguen abriendo brecha. Numerosas historias en la prensa han registrado los logros de jóvenes que a pesar de no tener papeles, se han graduado de la universidad, han llegado a ser los primeros de su clase y muestran una extraordinaria motivación.

Así, se reportó en los medios que en mayo de 2011, Isabel Castillo recibió un doctorado honorario de parte de la Universidad de San Francisco, no sólo por sus logros académicos —se graduó en una universidad del estado de Virginia con honores— sino por su activismo a favor de los jóvenes indocumentados.

Es seguro que no todos los jóvenes indocumentados tienen este perfil, pero estos casos comienzan a ser suficientemente numerosos para que los que toman las decisiones en este país consideren que están en presencia de un grupo que merece un reconocimiento, y que puede ser de gran utilidad para el futuro del país.

Un sueño difícil

El DREAM Act lleva más de diez años de estar pendiente en el Congreso. La derrota más aplastante vino de la mano del mayor triunfo: a principios de diciembre de 2010, la Cámara de Representantes de Estados Unidos aprobó por vez primera esta ley; pero pocos días después fue derrotada en el Senado.

Las condiciones para lograr el estatus de residente legal bajo el DREAM Act, a diferencia de lo que alegan sus críticos, no hubieran sido demasiado fáciles de satisfacer: dos años de servicio militar o dos años en una institución universitaria para obtener la residencia temporal.

Tras seis años de residencia temporal tendrían que probar el logro de un grado universitario o servicio honorable en las Fuerzas Armadas por un lapso mínimo de dos años, que generalmente se convierten en muchos más. En el caso del alistamiento militar, cualquier contrato requiere un compromiso de ocho años, y en el caso de soldados activos, entre cuatro y seis años.

El proyecto de legislación ha estado pendiente en el Congreso desde hace diez años, pero ha sido tan controversial que jamás ha llegado al escritorio del presidente. La oposición es radical: los más extremistas, grupos como ALIPAC (Estadounidenses por la Inmigración Legal) sentencian que si se aprueba, el DREAM Act significará "la destrucción de este país".

"Los Estados Unidos que ustedes conocen desaparecerá por siempre, al tiempo que se borran nuestras fronteras", señala ALIPAC en su sitio de Internet. En una comunicación a sus seguidores, cargada de hipérbole y de signos de admiración, los cerebros de ALIPAC transforman a los jóvenes estudiantes en "ilegales que vagan las calles como trabajadores, estudiantes y votantes sin control... lo que quiere el congreso es simplemente darles un sello de aprobación y legitimidad a los crímenes masivos que están cometiendo contra Estados Unidos y los estadounidenses".

Los más radicales grupos antiinmigrantes propagan varias ideas sobre los inmigrantes, dependiendo del público o del tema. Una de estas ideas es que los inmigrantes sin papeles vienen aquí a votar para revertir la democracia estadounidense a su favor, aunque por lo visto, hasta ahora no han tenido mucho éxito, sino todo lo contrario.

La idea de que los indocumentados o ilegales votan jamás ha podido ser comprobada por ningún estudio serio que se haya hecho en ninguna universidad de este país. Si acaso, el verdadero problema en Estados Unidos es que los que pueden votar no lo hacen y la supuesta mejor democracia del mundo tiene niveles abismales de participación en casi todas sus elecciones.

Pero aunque risible, la imagen de los jóvenes extranjeros como zombies amenazantes que —horror— estudian, trabajan y votan en este país, tiene su público. Aún personas políticamente moderadas están preocupadas por la idea de que los inmigrantes cuestan dinero a las arcas públicas y, en momentos de crisis económicas y recortes presupuestarios, se preguntan si los indocumentados y sus retoños no empeoran las cosas.

Es precisamente en este temor en el que los críticos aparentemente más moderados de la inmigración —al menos en comparación con ALIPAC— basan sus poderosos argumentos. Grupos como el Centro para Estudios de Inmigración (CIS, por sus siglas en inglés), FAIR y Numbers USA, todas organizaciones ligadas en su origen a John Tanton, un oftalmólogo de Michigan, creador, según su página de Internet, "de la red moderna de organizaciones sobre inmigración", promueven la idea de que Estados Unidos sufre una inmigración en masa que está fuera de control y destruirá al país.

Así, FAIR y CIS argumentaron contra el DREAM Act indicando que esta ley daría paso a la legalización de más de dos millones de inmigrantes ilegales, dándoles acceso a "tarifas estudiantiles de residente en universidades públicas, préstamos federales y otros programas. Los ilegales que reciban la amnistía también podrán, a la larga, patrocinar la entrada de familiares una vez que sean ciudadanos", señaló un análisis de FAIR, un grupo restriccionista preocupado por la multiplicación de la población inmigrante.

En realidad, estos son argumentos más adecuados para generar una reacción emotiva, que razones concretas por las cuales el país se vería perjudicado por la regularización de estos jóvenes.

El DREAM Act beneficiará a Estados Unidos

Algunos en el movimiento de los Dreamers asumen que las conmovedoras historias de los dedicados jóvenes llevarán al triunfo. Algunos observadores lo ven como una lucha de derechos civiles que beneficiará al país en general.

"Es un nuevo movimiento", señala el profesor Will Perez, de la Universidad Claremont de Posgrados, quien ha estudiado a los Dreamers. "Hace cuarenta años, la ley de derechos civiles fue un hito que no sólo mejoró las vidas de dieciocho millones de afro-americanos, también mejoró al país en su totalidad. Una reforma migratoria pragmática no sólo beneficiará a dieciséis millones de indocumentados y a sus hijos ciudadanos, sino a todos en este país".

Esta puede resultar una conclusión fácil para Perez y los propios Dreamers y sus simpatizantes, pero es algo de lo que aún deben convencer a la mayoría del país. Algunos jóvenes en esta situación consideran que la estrategia utilizada hasta ahora se ha enfocado demasiado en las historias de los jóvenes y muy poco en lo que los estadounidenses pueden ganar de todo esto.

"Yo creo que para lograr más apoyo de otras personas no convencidas o no muy interesadas, debemos responder a sus preocupaciones. El movimiento hasta ahora ha explicado por qué los jóvenes necesitan esta ley, yo digo que es mejor explicar por qué este país los necesita a ellos", señala Edgar Santos, un joven de veintisiete años de Los Ángeles que está haciendo un documental sobre el movimiento y ha vivido su propia experiencia de no tener estatus legal.

"Los que se oponen insisten en que el DREAM Act es una pesadilla para Estados Unidos, para los presupuestos, para otros estudiantes, para la economía. Lo que yo creo es que hay que batallar en su propio terreno. Hay que convencer a esa población mayor, suburbana, que no está segura, que están en el medio. Tenemos que vendernos como un producto", afirma Santos.

¿Qué ofrece este producto? Hay reputados estudios que comienzan a develar la realidad y no son necesariamente de grupos interesados a favor o en contra de esta legislación.

Por ejemplo, RAND Corporation ya concluía, en 1999, que si bien para mejorar la tasa de graduación de los hispanos al nivel de los blancos no hispanos hacía falta invertir un 10% en educación pública, el resultado recompensa con creces la inversión: el ahorro en sanidad pública y el aumento en ingresos por impuestos que ganarían estos inmigrantes legalizados superan ampliamente el gasto. "Por ejemplo, una mujer mexicana de treinta años con un diploma universitario pagará $5.300 más en impuestos y usará $3.990 menos en gastos gubernamentales cada año, en comparación con una que deje los estudios antes de completar la secundaria", apunta el estudio de RAND.

A mayor oportunidades educativas y mejores trabajos, más ingresos e impuestos pagados. Un estudio de la Universidad de California en Los Ángeles señala que los potenciales beneficiarios del DREAM Act ganarían, en conjunto, un total de $1,4 y 3,6 billones más de lo que lograrían sin esa ley. Otro estudio de la Junta de Colegios Comunitarios de California señala que en sus vidas laborales, los graduados universitarios ganan 60% más que un graduado de secundaria. Y profesionales con grados más avanzados, como un doctorado, ganan dos o tres veces más.

Asimismo, la propia legalización implica un aumento de ingresos: un estudio del Departamento del Trabajo halló que los inmigrantes legalizados por la ley de 1986 aumentaron sus ganancias en un 15% durante los siguientes cinco años y subieron inmediatamente la escala laboral.

Por otra parte, los análisis demográficos apuntan a una sociedad que, incluso tomando en cuenta la presencia de los hijos de los inmigrantes, está envejeciendo. Un demógrafo de la Universidad del Sur de California, Dowell Myers, ha señalado que el envejecimiento de la generación de los llamados Baby Boomers, nacidos entre el final de la Segunda Guerra Mundial y 1964, ahora en su edad más productiva o empezando a retirarse, requerirá una generación substituta que el país no podría suplir de ninguna manera sin estos jóvenes inmigrantes.

Si ahora, la proporción de mayores de sesenta y cinco años respecto a los adultos en edad más productiva es de 240 por cada 1.000 —y ha sido constante desde 1980—, en las próximas dos décadas esa proporción cambiará a 411 por cada 1.000.

Esta población en proceso de envejecimiento requerirá apoyo, gastos de salud y otros beneficios que dominarán el panorama fiscal del país y que, según estudios del propio gobierno, son insostenibles bajo las actuales circunstancias. Además, la salida de estas personas de la fuerza laboral activa será de tal magnitud que si no hay quien los suplante a todo nivel, se prevén serias consecuencias.

Myers señala que los jóvenes de minorías y los inmigrantes "jugarán un rol muy importante en las próximas décadas" y explica que son ellos, cuyas poblaciones están en crecimiento con una tasa de natalidad superior a la del país en general, quienes deben convertirse en la nueva clase media de trabajadores, contribuyentes y compradores de viviendas.

Para Myers, el no cultivar a esta nueva generación no sólo es un error, sino una decisión peligrosa. "¿Quién comprará esas casas que querrán vender los que se retiren? ¿Quién pagará el seguro social de este grueso de personas retiradas?", señaló Myers en una entrevista. "Lo mejor que podemos hacer para el futuro de Estados Unidos es pensar en cómo educar y maximizar la participación de estas nuevas poblaciones en nuestra sociedad y economía".

CAPÍTULO 11

La era de Obama y la mano dura
con los indocumentados

Pocos podían haber anticipado que el cambio que Barack Obama ofreció durante su exitosa campaña de 2008 en el área de inmigración no terminaría siendo una reforma legal para los inmigrantes, sino el perfeccionamiento de una serie de programas para su arresto y deportación, que habían sido iniciados en gobiernos anteriores, pero fueron aplicados por su gobierno con mayor eficiencia y celeridad que nunca antes.

Más de un millón de indocumentados han sido deportados durante los primeros tres años de su gobierno; un logro que las fuerzas opositoras jamás le han reconocido al presidente Obama, al que han seguido acusando de ofrecer amnistía migratoria y abrir las fronteras.

Durante meses, mientras la Agencia de Inmigración y Aduanas (ICE, por sus siglas en inglés) encerraba y deportaba a cientos de miles de inmigrantes —una buena parte de ellos trabajadores honrados cuya única trasgresión fue el cruce ilegal de la frontera—, los medios conservadores alertaron sobre la supuesta amnistía que fraguaba su gobierno.

"Obama aprovecha muerte de Bin Laden para empujar amnistía para ilegales", gritaba un titular del llamativo y escandaloso canal de la derecha estadounidense, Fox News Channel, en mayo de 2011.

"Obama aprueba amnistía para ilegales con una orden interna a ICE", se dolía en la página web Tea Party Tribune, del autodeno-minado movimiento conservador Tea Party, a mediados de ese mismo año.

La realidad, es que durante su campaña presidencial, Obama había prometido trabajar en una reforma migratoria que habría legalizado a millones de inmigrantes sin papeles, y que hubiera resuelto las serias limitaciones que las leyes migratorias, un verda-dero menjurje de legislaciones acumuladas a lo largo de los años, representaba para la vida social y económica del país.

Entre los muchos cambios que Obama ofreció a los votantes es-tuvo el de asumir el reto de la urgente reforma de las leyes de in-migración en forma balanceada, algo que ningún presidente de la nación había hecho en más de veinte años.

Dicho compromiso resultó una razón clave de atracción para el voto latino, que durante la primaria demócrata le había dado la espalda al senador de Illinois para darle su preferencia mayoritaria a la ex primera dama Hillary Clinton.

De hecho, el tema migratorio ha sido mucho más importante para capturar el voto de una mayoría latina, en la medida en que la vida del inmigrante indocumentado ha devenido más y más preca-ria, y en que han arreciado los ataques contra los inmigrantes en general.

La situación de los inmigrantes sin papeles llegó a niveles críticos al comienzo del presente siglo. El PEW Hispanic Center, un centro de investigaciones sociales en Washington, D.C., estimó entonces que este segmento de población llega a doce millones de personas. El sistema de leyes migratorias hace ya tiempo era insuficiente para procesarlos con efectividad, y la economía fulgurante de los años anteriores —un espejismo que pronto se derrumbaría— había servido de imán para atraer a los trabajadores extranjeros.

Para cuando Obama se consolidó como el candidato demócrata en el verano de 2008, ya estaba claro que el voto de la población latina iba a ser de extremada importancia para ganar la presidencia; particularmente en estados que podían igualmente ir hacia uno u otro partido, como Florida, Nuevo México y Colorado.

Sin embargo, el ambiente político que se vivía en el país era el de una grave crisis económica, que había comenzado a insinuarse un par de años antes. Comenzó en 2007 con el estallido de la burbuja inmobiliaria, la cual había ascendido a valores extraordinarios bajo un mercado especulativo. Este estallido condujo al casi total colapso del sistema crediticio y de la banca internacional en el otoño de 2008, al mismo tiempo que la campaña presidencial de Estados Unidos llegaba a su punto más candente.

La crisis económica llegó poco después de iniciada una revuelta en pueblos y ciudades del corazón estadounidense contra la presencia cada vez más notoria de inmigrantes mexicanos y centroamericanos en sus entornos. Las leyes punitivas contra su presencia llovieron en esos años, y el Congreso estadounidense se debatió entre llevar a cabo una reforma migratoria integral —de la mano de los veteranos senadores Ted Kennedy, demócrata, y John McCain, republicano— o aprobar medidas que penalizaban no sólo a las personas sin papeles, sino a cualquiera que llegara a estar en contacto con ellos en el país.

Al mismo tiempo, los medios estadounidenses registraron sorprendidos una oleada de marchas de inmigrantes, que en ciudades tan importantes como Los Ángeles, Houston, Chicago y Nueva York, alcanzaron los cientos de miles de participantes. Los inmigrantes y sus partidarios levantaron su voz, y marcharon por millones en la primavera de 2006; pero sus exigencias y mera presencia podrían haber sido catalizadores de la reacción que vino después, así como la derrota de cualquier intento de reforma migratoria por última vez en varios años.

Al senador de Arizona John McCain, candidato presidencial republicano que compitió con Obama, la vida política se encargó de cambiarlo. Él, que había sido un verdadero líder en la defensa de una reforma de las leyes migratorias, modificó radicalmente sus posiciones públicas al respecto durante la campaña interna de su partido, bajo la presión de las bases republicanas conservadoras, cada vez más dominadas por fuerzas aislacionistas que favorecían una actitud dura contra el inmigrante indocumentado, que se oponían a cualquier medida que facilitase su regularización.

Durante un famoso debate entre los candidatos presidenciales republicanos en enero de 2008, McCain sorprendió a propios y extraños renegando de sí mismo y de sus intentos de reforma legal del sistema migratorio, afirmando, "Hoy no votaría por esa reforma", y asumiendo la probada fórmula política para consolar a la base del partido, abrumadoramente blanca, frente al inevitable cambio demográfico: primero que nada hay que cerrar las fronteras y deportar a todos los ilegales.

Obama, por su parte, había lanzado una promesa temeraria: aprobar una reforma migratoria en el primer año de su gobierno, e indicó que presentaría la propuesta de ley en los primeros tres meses de su gobierno. Incluso, en su afán por diferenciarse de Hillary Clinton, la preferida de los latinos durante buena parte del proceso primario, Obama llegó a manifestar su apoyo a la idea de dar licencias de conducir a los indocumentados, aunque el gobierno federal no es el que otorga las licencias sino los estados —un tema del que jamás volvió a hablarse.

Pero era mucho lo que estaba en juego para Obama, si el segmento de votantes de más rápido crecimiento del país —el latino—

no lograba superar su desgano por el senador de Illinois, al que no conocían y quien carecía de un gran récord legislativo, o un perfil alto entre los latinos debido al poco tiempo que llevaba en el Senado.

La promesa de Obama respecto a la reforma migratoria fue temeraria, probablemente cínica y extremadamente difícil de cumplir en momentos en que la economía del país se desplomaba a niveles no vistos desde la Gran Depresión y tras el espectacular fracaso, en 2006, del último intento de reforma. Pero se le dijo a los latinos votantes que sólo con un presidente demócrata, y un Congreso del mismo partido, habría alguna oportunidad. Un 67% de esa comunidad votó por Obama en noviembre de 2008 y ayudó a elegir a más demócratas para poner a ambas cámaras del Congreso en manos del mismo partido.

El proyecto de reforma migratoria, que se suponía sería presentado en el Congreso, con patrocinadores de ambos partidos, y apoyado por su gobierno —exactamente lo que Obama había declarado en más de una ocasión, principalmente a medios en español— en realidad nunca se materializó.

El 28 de mayo de 2008, el candidato Barack Obama dijo esto al periodista Jorge Ramos, frente a las cámaras de Univisión, la cadena de televisión hispana más importante del país: "Puedo garantizarle que durante el primer año de mi mandato tendremos un proyecto de reforma [en el Congreso] que yo apoyaré con vigor, y que yo mismo promoveré. Y eso quiero hacerlo lo más rápido posible".

Sobre ese tema sólo se oyeron palabras, en diversos discursos durante los siguientes cuatro años. Los hechos del gobierno de Obama fueron, en realidad, muy diferentes.

Hacia el verano de 2011, tres años después de que el presidente del supuesto *cambio* subiera al poder, los grupos pro inmigrantes en todo el país estaban en pie de guerra contra las acciones de su gobierno. Obama y su Departamento de Seguridad Nacional

(DHS, por sus siglas en inglés), encabezado por Janet Napolitano, obviamente habían mantenido un doble discurso sobre inmigración para, en apariencia, satisfacer a todo el mundo, sin lograr satisfacer a nadie políticamente.

Muchas de las medidas que se tomaron durante esos años fueron, como tantas otras tomadas en las dos décadas anteriores, destinadas a aplacar a uno u otro sector político —principalmente el que avanza la idea de que los inmigrantes son más problema que beneficio para el país— pero con poco impacto real en la verdadera disyuntiva de Estados Unidos. Su sistema migratorio está, desde hace décadas, completamente fuera de sintonía con las necesidades de su economía, e incluso con los principios filosóficos, morales y sociales con los que se fundó la nación.

El sistema migratorio, como el sistema bancario —dos pilares de la que ha sido hasta ahora la economía más poderosa del mundo—, no funciona para la nación, sino para unos pocos beneficiarios; pero reformarlos tendría un costo político que nadie, por lo visto, quiere pagar.

Promesas rotas

Cuando Obama tomó la presidencia, su primera decisión importante fue elegir a la persona que encabezaría el Departamento de Seguridad Nacional (DHS, por sus siglas en inglés), y por ende, quien llevaría adelante la política migratoria del país. Las diversas agencias de inmigración, control de fronteras, aduanas y otras similares funcionaban bajo este departamento desde su reorganización después de los ataques terroristas del 11 de septiembre. Desde entonces, la inmigración quedó dentro del marco de la justicia en general, el de la seguridad nacional.

La escogida para dirigir ese ministerio fue Janet Napolitano, ex procuradora y ex gobernadora del estado de Arizona, cuyo pasado dejaba entrever muy poca claridad hacia qué lado del debate se inclinaría, como no fuera al que conviniera al avance de sus ambiciones políticas.

Como fiscal de Arizona, Napolitano pareció realizar una alianza poco ortodoxa con el tristemente célebre sheriff del condado de Maricopa en Phoenix, Joe Arpaio, quien era controversial y popular desde mediados de los años noventa por dar de comer mortadela verde a los presos en sus cárceles y hacerles usar interiores color rosado para degradarlos y humillarlos.

Napolitano, quien fue fiscal federal en Arizona a mediados de los años noventa, investigó a Arpaio por orden del Departamento de Justicia por las acusaciones de abusos en sus cárceles y la muerte de algunos detenidos. Pero tras dos años de investigación, un informe condenatorio y un acuerdo extrajudicial sobre cambios administrativos, Arpaio siguió su camino logrando titulares en los noticieros con su obsesión autopropagandística y, al parecer, otorgando poca o ninguna consideración a los derechos civiles de sus detenidos.

Como sheriff del condado, Arpaio y su departamento de policía se ocupan de la aplicación de la ley en las partes del condado de Maricopa que no pertenecen a una municipalidad, o que no tienen sus propios departamentos de policía. Además, administran las cárceles de la región y procesan a detenidos —aparte de ejecutar órdenes de arresto contra sospechosos de infringir la ley.

En años recientes, Arpaio concentró buena parte de sus recursos en sus famosas redadas de inmigración, en busca de indocumentados para arrestar y entregar a las autoridades federales. Ahora, los detenidos favoritos en interiores color rosa en los campamentos para detenidos que el sheriff popularizó, eran inmigrantes deteni-

140

dos la mayoría de las veces en esos operativos masivos o en paradas de tráfico de rutina. Arpaio, que nunca ha tropezado con una cámara de televisión que le desagrade, alcanzó altos niveles de popularidad entre los votantes del condado de Maricopa, Arizona, como el sheriff más duro del país.

Ya a mediados de los años noventa, sus críticos alegaban que las condiciones en las cárceles de Arpaio eran violatorias de los derechos humanos y civiles. Tras la muerte de un detenido, el Departamento de Justicia ordenó una investigación de las condiciones de la conocida ciudad de las carpas, y la fiscal federal encargada de liderar la investigación fue precisamente Janet Napolitano.

Napolitano, quien tenía aspiraciones a la gobernación de Arizona, condujo la investigación, y dos años después produjo el informe: de acuerdo con este, las condiciones en las cárceles eran un desastre; se usaba exceso de fuerza con los detenidos, el personal era insuficiente "para garantizar la mínima seguridad y operación humanitaria" de la prisión y se abusaba del uso de medidas como el aerosol de pimienta y las llamadas sillas de control, en las que el prisionero es atado de brazos, piernas y torso, y que han sido criticadas como una forma de tortura por llegar, en algunos casos, a producir la muerte de prisioneros.

El Departamento de Justicia llegó a un acuerdo con Arpaio luego de que este accedió a cambios administrativos, aunque inmediatamente después, el sheriff duro dijo al periódico *Arizona Republic* que "los prisioneros seguirán encadenados y vistiendo interiores rosados. Toda esta investigación nada tiene que ver con mis programas para proteger a la gente de Maricopa".

Unos años después, cuando Napolitano competía por la gobernación de Arizona en la elección general, Arpaio, quien pertenece al Partido Republicano, apareció en un comercial de televisión hablando favorablemente de Napolitano, quien es demócrata. Napolitano ganó la gobernación por un estrecho margen (menos del 1% de los votos), y algunos atribuyeron al apoyo de Arpaio un número de votos que le dieron la ventaja. El candidato republicano Matt Salmon había pedido el apoyo de Arpaio, pero este se negó a brindarlo. En ese momento, se habló mucho de la extraña alianza política entre el sheriff y la fiscal que lo había investigado.

Sin embargo, la nueva gobernadora y Arpaio tuvieron enfrentamientos unos años después, cuando el sheriff más duro del oeste se volvió cada vez más difícil de justificar, y luego de que una investigación periodística y un informe del conservador Goldwater Institute —no precisamente un bastión de la izquierda sino más bien todo lo contrario— revelara que mientras el sheriff se entretenía ejecutando operativos para detener a conductores indocumentados, miles de órdenes de arresto por delitos graves quedaban sin cumplirse. Un alto porcentaje de investigaciones de su departamento no llegaban a ninguna parte y el condado tenía que hacer frente a demandas por millones de dólares debido a los excesos de Arpaio y sus oficiales.

"Aunque el departamento que lidera Joe Arpaio es muy bueno en la autopromoción y es, sin duda, una agencia dura en la aplicación de la ley, también es cierto que bajo su vigilancia la tasa de delitos violentos se ha disparado, tanto en términos absolutos, como relativos a otras jurisdicciones", declaró el reporte del Goldwater Institute. "El departamento ha desviado recursos que deberían ser utilizados en funciones básicas contra la delincuencia, y los ha destinado a las altamente publicitadas redadas de inmigración, que son inefectivas en controlar la inmigración ilegal y en reducir el crimen en general".

A raíz de estas investigaciones, la entonces gobernadora Napolitano retiró en mayo de 2008 un fondo estatal de $1,6 millones que el estado daba al Departamento del Sheriff de Maricopa County para que participara en un equipo de investigación sobre el tráfico humano, recursos que el sheriff usaba generalmente para sus redadas de inmigración.

La relación entre Arpaio y Napolitano siguió más o menos contenciosa ahora que Arpaio había dejado entrever sus aspiraciones de —a lo mejor, quizá, entre redada y redada, y libro y libro— lanzar su candidatura a la gobernación de Arizona.

Pocos meses después, Napolitano sería nombrada Secretaria de Seguridad Nacional de la naciente administración de Obama, y sería sustituida en la gobernación por la Secretaria de Estado Jan Brewer; quien luego se convertiría en heroína del movimiento antiinmigrante al firmar una controversial ley estatal, cuyo objetivo es el de hacer la vida imposible a la comunidad indocumentada.

Mientras tanto, el gobierno de Barack Obama y la nueva Secretaria de Seguridad Nacional pusieron manos a la obra en reformar e intensificar el sistema de captura y deportación de indocumentados de Estados Unidos. Si durante la campaña la reforma migratoria era una de las primeras prioridades del presidente, ahora lo sería la aplicación y ejecución de las leyes de deportación y penalización de indocumentados, que ya existían en los códigos, pero que hasta entonces habían sido más o menos tenuemente aplicadas.

La mano dura que durante su primer período mostró el gobierno de Barack Obama sorprendió a los partidarios del presidente. Uno de los primeros cambios que hizo fue el de suspender las redadas a empresas para arrestar a indocumentados y enfocarse en las llamadas "redadas de escritorio" o auditorías de los libros de contratación o nómina.

Obama había sido crítico durante su campaña de las espectaculares redadas que el gobierno de George W. Bush había realizado durante los dos años anteriores a la elección, en las que las autoridades allanaban negocios, empresas y fábricas en busca de indocumentados, arrestando a docenas y en algunos sonados casos, a cientos de trabajadores sin documentos.

Una de las más notorias fue la redada a las empresas procesadoras de carne Swift, realizadas en diciembre de 2006 en seis estados del país. Allanar este tipo de fábrica, donde los empleados realizan un trabajo sucio, extremadamente duro y relativamente mal pagado, es como sacudir un árbol donde toda la fruta es bajita y madura: todo lo que cae es ganancia. Casi 1.300 personas fueron arrestadas. Muchos afrontaron cargos de robo de identidad por usar documentos con números de seguro social que no les correspondían, una táctica de creciente uso por parte de las autoridades federales para añadir un delito grave a la acusación de trabajar ilegalmente. Pero era obvio que estos inmigrantes usaban la supuesta identidad únicamente para trabajar y no, por ejemplo, para hacerse a tarjetas de crédito con el nombre de otra persona.

"Creo que [las redadas] son un show y no resuelven el problema", dijo Barack Obama durante una entrevista realizada a principios de 2008. "Tenemos a doce millones de indocumentados, la idea de que esto se puede resolver llevándose cincuenta de aquí o de allá es deshonesta. Además, no estoy interesado en tener como prioridad el arresto de trabajadores que buscan ganarse la vida para su familia. Quiero que haya un camino hacia la ciudadanía para los inmigrantes".

Con el correr de los años, uno se pregunta si algunas de las cosas que Obama dijo entonces fueron más bien un juego de palabras: ¿quiso decir que suspendería las redadas por inhumanas o porque había métodos más efectivos para deportar a más personas?

Pero esta fue una promesa que sí se cumplió; aunque lo que ocurrió ha sido de dudosa efectividad. El gobierno de Barack Obama suspendió las redadas a fábricas y centros de trabajo, sin embargo en su lugar, inició una nueva y agresiva estrategia: exigió que miles de empresas abrieran sus libros de nómina para constatar la elegibilidad de los trabajadores para ocupar legalmente los puestos de trabajo; con un enfoque que supuestamente iba a concentrarse en "los infractores más descarados de las leyes laborales".

Si el contratar a indocumentados es ventajoso para las empresas porque pueden pagar salarios más bajos porque las personas sin papeles no tienen muchas opciones laborales y son temerosas de ser descubiertas, el enfoque inteligente es precisamente el de castigar a las empresas por las violaciones laborales que cometen contra estos trabajadores y multarlos por contratar a personas no autorizadas. De manera que el costo de tener a esos trabajadores resulte mayor que el incentivo de violar la ley.

Los números que el gobierno reportó sobre sus propios esfuerzos en principio impresionan: para octubre de 2010, Estados Unidos había auditado a 3.200 empleadores, clausurado las actividades de 225 compañías e individuos, e impuesto $50 millones en sanciones económicas. También se radicaron denuncias penales contra 196 empleadores.

A principios de 2011, el DHS anunció otras mil auditorías, mientras en el Congreso, republicanos de línea dura en inmigración como Lamar Smith, Elton Gallegly y Steve King, citaban el alto desempleo producido por la recesión para empujar la obligatoriedad del llamado sistema E-Verify, un programa electrónico de verificación de documentos, cuyo margen de error era bien conocido debido a ser una base de datos poco confiable.

"Tenemos a veintiséis millones de estadounidenses sin trabajo, o con empleos por debajo de sus capacidades. Expandir E-Verify y hacerlo obligatorio les permitiría disponer de los empleos que necesitan", dijo Smith ante un comité en el Congreso a principios de 2011.

Ni las auditorías ni E-Verify parecen destinados a resolver, en ausencia de una reforma integral, el problema de un sistema migratorio que, desde al menos 1965, no ha experimentado una verdadera evaluación total. Lo que si es posible que ocurra y al parecer ya está ocurriendo, es que empeore las cosas para muchas empresas, trabajadores, y para el país en general, sin lograr grandes resultados favorables.

Las auditorías a empresas representan un enfoque sobre los empleadores que parece mucho más eficiente que las redadas que logran deportar a unas cuantas costureras o empacadores de pollo, pero los números hablan claro: en Estados Unidos hay 7 millones de empleadores y hay 150 millones de personas en la fuerza laboral, de las cuales unos 8 millones pueden ser indocumentados (16%), y el ICE tiene apenas 522 agentes dedicados al control de empleo.

El avance es lento y la prueba final tendría que ser la reducción significativa de la presencia de indocumentados en Estados Unidos. La idea es que, al no haber empleos, los extranjeros sin papeles se vayan. Hasta ahora, a pesar de la recesión, no hay señas, según varios estudios, de que esto esté ocurriendo.

Al contrario, a pesar de la intensificación de las deportaciones, de las sanciones a empresas y del progresivo reforzamiento de la vigilancia en frontera durante los últimos catorce años —con un gasto que hoy en día alcanza más de once mil millones de dólares para CBP (Protección de Fronteras y Aduanas) y casi seis mil millones para ICE, millones de dólares en la expansión de centros de detención para inmigrantes así como espacio carcelario para los diversos tipos de detenciones obligatorias preceptuadas por las cada vez más estrictas leyes desde 1995—, no hay mayor diferencia en las cifras de inmigrantes indocumentados, según estimaciones de todos los grandes grupos de investigación que se dedican al tema.

El cálculo más reciente de la población indocumentada realizado por PEW indica que hay un millón menos de indocumentados que en 2007, al inicio de la recesión económica. Según estudios recientes, la recesión ha significado una casi total reducción del flujo de inmigrantes de México hacia el norte, pero los inmigrantes que están en Estados Unidos no se están regresando a sus países, donde la situación aún está peor y donde ya dejaron desde hace tiempo de tener a sus familias e intereses. Los que ya no están aquí han sido, en su mayoría, deportados, pero aún así, la cantidad de indocumentados sigue prácticamente inmutable desde hace varios años.

En cuanto al módulo E-Verify, es mucha la tela de la que habría que cortar para que el sistema funcionara como Smith, Gallegly y King creen que debería. Pero los congresistas parecen más satisfechos usando el tema para satisfacer a su base política, que para resolver un problema real. Si realmente buscaran cambiar el imán que atrae a los indocumentados al país, ¿cómo explicar entonces la insistencia en aplicar un programa (E-Verify) que, según los estudios del gobierno y de entidades independientes, no sirve para detectar robo de identidad ni uso ilegal de números de seguro social legítimos. Para lo único que sirve E-Verify es para determinar si el número es falso o verdadero; y está claro que muchos de los números que compran los indocumentados para obtener documentos de trabajo son auténticos y robados por mafias de vendedores de identidad.

Además, como lo señaló el columnista nacional Rubén Navarrete en un reciente análisis titulado "El reality show de Lamar Smith", E-Verify no cubre "a los dueños de casa, los individuos que contratan a la mayoría de los inmigrantes ilegales en Estados Unidos", como domésticas, niñeras, jardineros, reparadores domésticos, constructores y otras diversas actividades, que alivian la vida de las clases media y alta de Estados Unidos por un precio módico.

En momentos en que Estados Unidos vive la peor recesión económica desde la depresión de principios del siglo XX, y en que el Congreso padece los niveles de aprobación más bajos de su historia (14% en la encuesta de CNN de agosto de 2011), líderes parlamentarios y la Casa Blanca están haciendo girar toda la solución del problema migratorio en torno a la penalización de un porcentaje ínfimo de empresas y la identificación de una exigua cantidad de los trabajadores no autorizados. Y aún así, el gasto que se incurre llega a niveles espectaculares.

Además, como lo señaló Navarrete en esa misma columna, la vieja y repetida fórmula usada por Smith y por otros políticos de que los indocumentados "quitan empleos" a los estadounidenses es muy cuestionable.

"¿Cuántos estadounidenses sueñan con ir a los campos a recoger fresas, aplicar alquitrán en el techo de una casa, limpiar caballerizas o cualquier otro trabajo arduo y duro? ¿Cuántos realmente se están quejando de que les gustaría hacer ese tipo de trabajos, pero un inmigrante ilegal se los ha usurpado?", escribe Navarrete, no precisamente conocido por sus ideas blandas respecto al control migratorio, sino más bien por sus simpatías conservadoras.

Al parecer, para Smith y muchos otros en el Congreso, la única política de creación de empleos que se les ha ocurrido hasta ahora consiste en recortes de impuestos a empresarios y la expulsión de los inmigrantes ilegales —la mayoría de los cuales hacen los trabajos más bajos en la escala laboral, pero a su vez producen riqueza para la economía, generan otros puestos de trabajo, pagan diversos tipos de impuestos y también son consumidores.

Otros señalan el absurdo de intentar regular el flujo de trabajadores en un mercado donde el capital es libre de cruzar fronteras y las compañías son libres de tomar sus fábricas y empresas —y con ellas los trabajos— y marcharse a otra parte. La ironía de que estos políticos, cuya ideología exige un mercado completamente libre y la cada vez menor injerencia del gobierno en los asuntos de las empresas, quieran controlar cual es la fuerza laboral que más le conviene a los empresarios, no tiene una explicación adecuada. La ideología de los conservadores antiinmigrantes está llena de contradicciones y la razón es que no está basada en la lógica económica ni en la realidad del país, sino en la política y el tipo de discurso populista que les permite mantener un sistema económico y de inmigración que no funciona para la mayoría, pero que tiene suficientes eslóganes atractivos como para mantenerlos a ellos en los puestos públicos.

Deportaciones al por mayor

Al final, bajo el gobierno de Barack Obama, ICE se convirtió en una maquinaria mucho más eficiente de deportaciones que lo que jamás fue bajo el gobierno de George W. Bush, y a diferencia de este, el presidente Obama nunca presentó o respaldó un proyecto concreto de reforma migratoria en el Congreso del país, como hizo Bush en 2006–2007.

De hecho, la reforma de las leyes de inmigración no fue prioridad de Obama durante todo su primer período de gobierno. ¿Cómo podía serlo? Era de esperarse que con el plato lleno con la debacle económica, la fallida promesa de retirar las tropas de Irak, de *ganar* en Afganistán y la decisión de perseguir la difícil reforma del sistema de salud, inmigración fuera a ser una prioridad secundaria.

Además, durante buena parte de esos primeros años, Obama tuvo a su lado a un comprometido *ninguniador* de la reforma migratoria, su jefe de gabinete Rahm Emmanuel, quien le dijo a un

líder hispano que ese tema sólo sería posible en un segundo período de Obama y que a todas luces, fue la influencia más decisiva
dentro de la Casa Blanca para que a Obama no se le ocurriera, ni
por asomo, intentar cumplir su promesa a los inmigrantes.

Pero al mismo tiempo, y como suele ocurrir con los presidentes
demócratas, el movimiento hacia la reforma tenía que purificarse
primero, mediante el sometimiento a las medidas más conservadoras
posibles, destinadas a probar la buena intención del demócrata en el
terreno que marcaron los republicanos: mano dura antes que nada.

Como lo precisó la periodista Maribel Hastings, quien fuera co-
rresponsal del periódico *La Opinión* en Washington durante ese
período: lo que siguió a la instalación en la Casa Blanca del presidente Obama fue "una suerte de políticas que han resultado en
más deportaciones —entre otras cosas— todo presuntamente para
allanar el terreno a una reforma migratoria de la cual, de todos
modos, los políticos han huido como el diablo de la cruz".

Entre las medidas más controversiales perfeccionadas por el
ICE de Obama figura una aprobada en 1996, bajo el mandato de
Bill Clinton, el otro presidente demócrata que utilizó la idea de
primero aplicar la mano dura casi antes de que los republicanos la
inventaran. La famosa sección de ley 287g que autorizó al Gobierno federal a realizar acuerdos con agencias de policía locales
para que sus agentes se entrenaran "en las funciones y bajo la su-
pervisión de agentes de la Oficina de Inmigración y Aduanas
(ICE), para proceder a la detención de infractores de la ley migratoria que encuentran en el acontecer de su trabajo diario".

Este programa y otro llamado Comunidades Seguras, creado
por el gobierno de Bush, pero dadivosamente ampliado en 2009
por el nuevo director de ICE, John Morton, habrían de romper la
línea divisoria entre policía local y autoridades de inmigración
que, según muchos expertos en la ley, podrían ir en contra de la

seguridad pública en ciudades y estados de gran presencia de inmigrantes.

Comunidades Seguras fue establecido como programa piloto en algunas cárceles, para procesar las huellas digitales de los detenidos y compararlas con las bases de datos federales, incluyendo las migratorias, revelando así si la persona era o no documentada. Este programa no requería contratos especiales, como el 287g, pero a lo largo de los tres primeros años del gobierno de Obama, fue implementado en casi todo el país. Y contrario a lo que se esperaba, la mayoría de los deportados no eran criminales, sino personas sin antecedentes penales o acusados por infracciones menores, como manejar sin licencia o vender helados en las calles.

Según algunos expertos, estos programas también tenían otro efecto: inhibir la participación de los inmigrantes indocumentados en la cooperación con las autoridades policiales, y en reportar o ayudar a investigar delitos en el ambiente comunitario.

El caso de Abel Moreno, un inmigrante sin documentos que vive en Charlotte, Carolina del Norte, llamó la atención pública a principios de 2011 precisamente por ejemplificar el peligro que la seguridad pública acarreaba al mezclar el rol policial con el de control fronterizo.

Tal y como recomienda la policía, Abel Moreno llamó al 911 (servicios de emergencia) para reportar que un hombre estaba asaltando a su novia. El agresor era un policía que los había detenido e intentaba manosear sexualmente a la muchacha y que, al ver que Moreno hacía la llamada, los arrestó a ambos, acusándolos de resistirse a la autoridad. Posteriormente, otras cinco mujeres reportaron que el mismo policía también había intentado acosos sexuales contra ellas.

El oficial de policía está siendo procesado y Moreno es un testigo crucial del hecho, pero cuando estaba detenido, se lo identificó como inmigrante ilegal y ahora hace frente a su deportación inminente de vuelta a México. Perdió su empleo en un restaurante local y ya no puede enviar dinero a su familia.

Hay muchos casos como el de Moreno, que han sido registrados por los medios informativos. Para los inmigrantes sin papeles el mensaje es bien claro: mientras menos contacto con las autoridades, mejor. Aún si esto incluye abstenerse de denunciar un delito del que se está siendo víctima.

Aunque subsiste alguna posibilidad de que Moreno pueda recibir una visa U para víctimas de la delincuencia, el efecto de este tipo de casos y del actual funcionamiento de los programas federales 287g y Comunidades Seguras es que cualquier persona que entra en contacto con un policía local y que por cualquier razón sea reseñado, puede terminar deportado.

Ambos programas federales fueron usados agresivamente por el gobierno de Barack Obama para lograr cifras récords de deportaciones durante la fase inicial de su gobierno: un millón de personas durante los primeros dos años de administración. En lo transcurrido de su gobierno, el DHS ha incrementado la aplicación del programa Comunidades Seguras, de apenas catorce jurisdicciones en 2008 a más de mil trescientas a mediados de 2011.

Pero mientras más progresaba el llamado exitoso programa, más oposición generaba de parte no sólo de los usuales activistas pro inmigrantes, que generalmente quieren una política mucho más generosa de lo que políticamente es posible, sino de otros grupos menos dados a ignorar transgresiones de la ley: policías y jefes de departamentos policiales. Sobretodo cuando las cifras del propio gobierno revelan que, aún al menos el 50% de los deportados no son delincuentes, sino trabajadores, padres o madres de familia, y en algunos casos sonados, víctimas de la delincuencia que se acercaron a la policía para denunciar un delito.

En el núcleo de esta controversia, está la forma en que funciona el programa Comunidades Seguras, fusionando perversamente la acción policial cotidiana con la identificación de personas susceptibles de ser sometidas al procedimiento de deportación.

Esencialmente, lo que ocurre es que los datos biométricos de todas las personas arrestadas y reseñadas bajo sospecha de cualquier infracción, por leve que esta sea, y aunque finalmente sean liberadas sin ser formalmente acusadas, son enviados desde las cárceles locales a las diferentes bases de datos del gobierno federal, FBI, IDENT y US-VISIT. Inmediatamente, con tan sólo esta información, las autoridades tienen en sus manos la posibilidad de identificar a personas que carecen de documentos o tienen una infracción pendiente contra las leyes de inmigración. El ICE no tiene los recursos para deportar a todo el mundo —se estima que para deportar a un inmigrante cuesta $23.000 en recursos públicos— y por lo tanto evalúan a quien van a someter al proceso de deportación, de acuerdo con ciertas prioridades.

La promesa de la administración de Obama era dar prioridad en los procesos de deportación a los delincuentes peligrosos. Pero fue más fácil decirlo que hacerlo. De hecho, sólo un 15% de los deportados hasta ahora por dicho programa son extranjeros reseñados por un delito de nivel 1, una clasificación que incluye a los acusados —ni siquiera sólo a los convictos— de delitos que acarrean más de un año de prisión, los considerados como delitos graves.

"No queda claro de qué manera el ICE está asegurándose de que este programa se concentre en los delincuentes más peligrosos, que amenazan la seguridad pública", señaló Brittney Nystrom, del Foro Nacional de Inmigración, una organización cabildera en Washington, D.C. "Ni siquiera se aplica a los sospechosos una vez juzgados, sino desde cuando son reseñados".

Según cifras del propio ICE, hasta abril de 2011, 77.000 extranjeros delincuentes han sido deportados, de los cuales 28.000 son de nivel 1. Es decir, sólo un 36% están en el nivel de más peligrosidad, en el que según había dicho Morton, se concentrarían sus esfuerzos de deportación.

Los propios datos de ICE revelan que la mitad de quienes terminaron en proceso de deportación no fueron condenados como resultado de su arresto inicial, o si acaso lo fueron por contravenciones menores. Si bien todas estas personas eran indocumentadas y su deportación se considera un imperativo para el gobierno federal, los agentes del orden insisten en que este es un grave problema para su misión de garantizar la seguridad pública.

"A nosotros, los responsables de mantener el orden público, nos parece que este programa debería ser utilizado para perseguir a delincuentes peligrosos, que están aquí ilegalmente, no a personas que manejan sin licencia —porque los indocumentados no pueden tenerla— o porque tomen cerveza en el pórtico de alguien", dijo Michael Hennessey, sheriff de San Francisco, a un diario local. "Cuando la policía local se ve obligada a aplicar la ley migratoria, se quiebra la confianza entre la comunidad local y las autoridades".

En audiencias públicas convocadas durante el verano de 2011 por un grupo de trabajo especial formado por el gobierno de Obama para examinar este programa —tras meses de quejas y protestas de la comunidad, policías y hasta gobernadores estatales—, se reportaron numerosas historias de indocumentados que cayeron en las redes del programa Comunidades Seguras cuando se acercaron a la policía a reportar un delito.

Las quejas llegaron a un punto tan candente que un grupo de congresistas y concejales de Los Ángeles realizaron una rueda de prensa en el ayuntamiento para pedir a la administración de Obama que mermara su obsesión por incrementar las deportaciones, y tuviera cuidado con las consecuencias.

"Tenemos el caso de María, de veintiún años, que fue golpeada por su novio y cuando la policía llegó, ambos fueron arrestados. Una vez reseñada, fue denunciada a las autoridades de inmigración y deportada. Su hija de dos años se quedó aquí, creciendo sin su madre", dijo en esa ocasión la congresista Lucille Roybal-Allard de Los Ángeles.

"Otro caso fue el de una madre soltera de tres hijos en Hayworth, California, que tras un accidente automovilístico fue deportada. En tiempos de crisis, no veo la razón de perseguir a hombres y mujeres que sólo hacen lo mejor para mantener a sus familias. Debemos deportar a los verdaderos delincuentes".

El programa resultó tan controversial que hasta tres gobernadores decidieron excluir a sus estados del mismo: Illinois, Nueva York y Massachusetts. El gobernador de Nueva York, Andrew Cuomo, lo explicó así en su carta a Janet Napolitano: "Comunidades Seguras tiene precisamente el efecto contrario del que se busca. Su intención es atrapar a quienes representan una gran amenaza a la seguridad pública en la comunidad y, sin embargo, resulta comprometiendo la seguridad pública al hacer que los testigos de delitos y otros miembros de la colectividad no quieran colaborar con las autoridades".

Además, están las sospechas de que algunos departamentos de policía locales estaban deteniendo a personas de determinada apariencia utilizando percepciones tales como el color de piel (lo cual constituye uso de perfil racial y es inconstitucional) y hasta el tipo de ropa o zapatos, tal y como lo indicó un congresista californiano de nombre Brian Bilbray durante una entrevista televisada por MSNBC: "Hay medidas más allá de lo racial, el color de piel, hay cierto tipo de ropa, zapatos".

El ex jefe de policía de Sacramento Arturo Venegas dijo en una entrevista reciente que estaba consciente de que "hay policías por doquier en el país que están arrestando y reseñando a personas por su apariencia, sabiendo muy bien que aunque salgan libres sin ninguna acusación penal, terminarán entrampadas con las autoridades migratorias".

Las evidencias de actividad inconstitucional llevaron a que el Inspector General del DHS iniciara una investigación de alto nivel sobre el programa. Entretanto, el gobierno del presidente Obama ha indicado que continúa "mejorando el récord de arresto de delincuentes", pero sin cejar en su intención de romper todos los récords posibles en deportaciones de indocumentados. En septiembre se anunció que un grupo especialmente designado por el Departamento de Seguridad Nacional revisaría trescientos mil casos de deportación pendientes en los tribunales para "asegurar que están en consonancia con las prioridades" del gobierno de expulsar a los verdaderos criminales y no a padres de familia, trabajadores honestos o mujeres víctimas de violencia doméstica.

En diciembre, un nuevo estudio de los ya deportados, llevado a cabo por TRAC, un proyecto de análisis de datos de Syracuse University, halló que ni siquiera las cifras del gobierno reflejaban la realidad de lo que está ocurriendo en la calle en la aplicación de estos programas. TRAC reportó que en el trimestre de julio a septiembre de 2011, entre los casos de deportación iniciados por ICE en los tribunales especiales para ello, sólo el 13,8% de los procesados tenían cargos criminales, una cifra menor al 16,8% registrado en 2010.

El resto, un 83,4% del total, fueron procesados únicamente en base a su estatus migratorio, contradiciendo completamente la retórica proveniente de la Casa Blanca de que su objetivo primordial no era simplemente deportar a más personas, sino a más delincuentes peligrosos para la sociedad.

CAPÍTULO 12

La economía, los inmigrantes y el futuro de Estados Unidos

En la implacable economía global del siglo XXI, la inmigración para el empleo es un recurso estratégico. Si se maneja bien, la inmigración puede sostener el crecimiento económico y la competitividad de los trabajadores estadounidenses, así como sus salarios y condiciones de trabajo.
—*Demetrios Papademetriou, presidente del Migration Policy Institute, una organización con sede en Washington, D.C., que se dedica al estudio de la migración internacional*

Durante épocas de recesión económica crecen los cuestionamientos en torno a la utilidad y el efecto que los trabajadores inmigrantes, en particular los inmigrantes ilegales o indocumentados, tienen para el resto de la población en Estados Unidos, para la economía en general y para el tesoro público.

El temor está, en la mente de muchos, fundado en la realidad del país: cuando hay un alto índice de desempleo, se presume que buena parte de la culpa es de quienes ilegalmente ocupan trabajos a los que no tienen derecho, trabajan por un menor salario y presuntamente no pagan su carga completa de impuestos.

Muchos políticos tienen una solución fácil para ese problema y, a menudo, es la única receta económica que ofrecen: deshacerse de esos inmigrantes, deportarlos, encarcelarlos, aprobar leyes en su contra, para impulsarlos a irse por su propia cuenta, y así resolver buena parte del problema. Muerto el perro, se acabó la rabia, proclama el dicho popular.

En la mente del imaginario popular, el inmigrante ilegal es un usurpador de empleos, que además no paga impuestos, y es una carga para los contribuyentes. Esos son, al menos, los argumentos económicos que utilizan quienes consideran que los indocumentados no son más que una carga para el país que los acoge. A ello sigue, naturalmente, un llamado a más y mejores medidas de expulsión y deportación que resuelvan el problema y liberen empleos para los ciudadanos.

Es este un tema más complicado de lo que parece, puesto que el efecto económico de los inmigrantes indocumentados depende, según todas las investigaciones, de muchas variables: de la industria en la que trabajen, del momento histórico, de las leyes que los rigen y de las necesidades económicas del momento.

La visión completamente negativa de este asunto es tan falsa como la completamente positiva. Los inmigrantes indocumentados hacen contribuciones importantes a la economía en industrias para servir las cuales la sociedad estadounidense ya no tiene la suficiente mano de obra apropiada, como la tenía en el pasado. La agricultura es un ejemplo típico, pero hay otros sectores laborales, algunos de los cuales serán muy importantes en las próximas décadas, como el de los trabajadores de asistencia en el hogar para la cada vez más populosa población senescente del país.

La expulsión total de los indocumentados que hoy viven en Estados Unidos sería un traumatismo por lo menos tan grande como lo es su presencia, ya que industrias enteras se quedarían sin mano de obra. Y otras tendrían que aumentar a tal punto los salarios para poder contratar a trabajadores con estatus de ciudadanos, que esto tendría dos efectos directos: se haría difícil competir con otros países en donde cuesta menos hacer negocios, o los precios de los insumos de producción subirían hasta afectar seriamente el bolsillo de los consumidores estadounidenses.

Asimismo, es la propia ineficiencia del sistema actual la que crea el problema de la ilegalidad: no hay suficientes cupos de inmigración legal para los trabajadores no especializados que durante décadas ha requerido la economía estadounidense, y para los cuales hay cada vez menos demanda entre una población ciudadana más educada, y con aspiraciones laborales superiores a las de recoger fruta o verduras, trabajar en el servicio doméstico e incluso en la industria de la construcción.

En 1960, la mitad de los estadounidenses en la fuerza laboral —particularmente los hombres— eran desertores escolares que no completaban la secundaria, y cuya única opción era trabajar en agricultura o en construcción, por ejemplo. Actualmente, menos del 10% de los nativos estadounidenses están en esa situación; y mientras la economía de Estados Unidos tiende cada vez más hacia el rubro de servicios, la agricultura sigue siendo una gran creadora de empleos.

En síntesis: la economía a lo largo de varias décadas ha generado muchos empleos en la escala laboral más baja, pero no hay suficientes trabajadores ciudadanos para desempeñarlos. La industria de la agricultura padece un déficit de mano de obra crónico y aún hoy en día, en plena recesión económica, persiste la carencia de mano de obra.

"Estados Unidos se ha convertido en una sociedad mucho más educada de lo que era en el pasado. La cantidad de ciudadanos sin diploma de secundaria es cada vez menor; pero persiste la demanda de mano de obra en los sectores como la construcción y la jardinería, empleos que no pueden exportarse o delegarse a otro país, y que deben ser continuamente copados", señala la investigadora

Audrey Singer, demógrafa y experta en migración internacional del Instituto Brookings.

En otras palabras, la economía estadounidense por décadas ha mostrado una necesidad insaciable por el trabajo de estos inmigrantes, particularmente en el nivel más bajo de la escala laboral, sin embargo no ha proporcionado las vías de inmigración adecuadas para ellos. El resultado de esta asimetría entre demanda laboral y medios legales de satisfacerla, ha sido el crecimiento desproporcionado de la inmigración ilegal.

Si bien es cierto que actualmente Estados Unidos padece una muy severa recesión, con altos niveles de desempleo, hay sectores de la economía que aún requieren los servicios de estos inmigrantes y, como ha ocurrido en el pasado, es seguro que volverá a crecer la demanda de mano de obra en áreas conocidas y quizá todavía no tan conocidas de la economía.

Pero todo tiene su más y su menos. Aunque productivos y útiles para la economía, la presencia de los indocumentados también tiene su costo. Este por supuesto no es un tema fácil de analizar o definir. El mayor gravamen de la inmigración ilegal recae en las administraciones locales, ya que sus hijos —ciudadanos o no— reciben escolaridad y tienen acceso a servicios médicos de emergencia, mientras que debido a sus bajos ingresos pagan menos en impuestos de nómina y de ventas.

Pero por otro lado, estos mismos inmigrantes pagan una cantidad significativa de impuestos federales al Seguro Social, especialmente desde mediados de la década de los ochenta, cuando la llamada Ley de Amnistía comenzó a requerir que presentaran documentos de elegibilidad de empleo a sus patrones, lo cual a su vez instigó una industria de documentos y números de Seguro Social falsos. Desde entonces hasta hoy, la Administración del Seguro Social recibe un flujo constante de ingresos por parte de inmigran-

160

tes ilegales que pagan los impuestos correspondientes que se deducen cada semana de sus salarios; pero por su condición de ilegalidad, nunca podrán disfrutar de los beneficios relacionados con esos impuestos. Según fuentes oficiales, tres cuartas partes de los indocumentados que trabajan lo hacen dentro de una nómina regular y pagan todos sus impuestos. Actualmente, los indocumentados pagan unos nueve mil millones de dólares anuales al Seguro Social, de los que, sin embargo, nunca podrán recibir en reciprocidad ningún beneficio, ya que por ley les está prohibido.

En otras palabras, la ilegalidad de estos inmigrantes es a la vez un beneficio y un perjuicio. Su condición ilegal marca, por ejemplo, una diferencia en los salarios que reciben y permite que sean explotados sin restricciones; pero esa misma mano de obra barata, que ciertamente inhibe el costo de los alimentos y servicios que produce, tiene sin embargo otro efecto: el de deprimir los salarios de los trabajadores con estatus de ciudadanos o de residentes legales.

Numerosos científicos sociales han estudiado el efecto de la presencia indocumentada en el mercado laboral, sobretodo en los salarios de los otros inmigrantes. Los economistas que se dedican a analizar la migración internacional han examinado el asunto por todos los lados posibles, y la conclusión más relevante que han alcanzado algunos de ellos ha sido esta: Borjas (2003) y Borjas y Katz (2007), por ejemplo, estiman que la inmigración de mano de obra poco calificada tiene un efecto más o menos modesto en los salarios de otros trabajadores de nivel similar.

Pero los salarios no son el único elemento de la trama de este relato: otros investigadores (Cortes, 2008) señalan que el influjo de trabajadores inmigrantes también reduce el costo de la canasta alimenticia, y otros expertos aluden al efecto de estos inmigrantes cuya productividad genera la creación de otros empleos.

Los foros de discusión en Internet, la radio parlante y los debates políticos, están colmados de ciudadanos estadounidenses que claman contra la presencia de estos ilegales y su supuesto efecto dañino para los trabajadores de este país. Pero a este respecto es inevitable pensar en las grandes corporaciones, para las que la mano de obra abundante, y temerosa de ser descubierta, significa la oportunidad de pagar salarios más bajos.

Sin embargo, esta afirmación ignora un hecho concreto: por lo menos un millón de indocumentados —y esta cifra es de 2007, por lo que probablemente sea mucho mayor actualmente— no son empleados de grandes corporaciones, sino de individuos que los emplean como ayuda doméstica, en trabajos como niñeras y otros servicios en los hogares, y en pequeños negocios, para los que bajar los costos laborales hace la diferencia entre sobrevivir o fracasar.

Dentro de esa perspectiva económica, vale la pena preguntarse, ¿podrían sobrevivir los pequeños restaurantes, tiendas y otros pequeños negocios sin la mano de obra barata de los inmigrantes? ¿Habría suficientes trabajadores estadounidenses realmente dispuestos a copar la demanda de lavaplatos, niñeras, mucamas, jardineros? ¿Podría la clase media estadounidense tener el nivel de vida que ha disfrutado durante las últimas décadas, sin esa clase trabajadora inmigrante, que es accesible en costo y que está disponible, sin condiciones, para cumplir con las tareas a la vez más delicadas y más difíciles? Como se ve, este es un problema con muchos ángulos, y lo que menos tiene es una respuesta fácil.

La clave para encontrar algunas respuestas a este problema sería encontrar el término medio, la política migratoria razonable, lo suficientemente buena para la economía de Estados Unidos, así como para los trabajadores inmigrantes. El problema es que esto resulta imposible en el contexto político en el que Estados Unidos se encuentra desde mediados de la década de los noventa. En este contexto, la clase política ha sido incapaz de encarar las verdaderas necesidades del país para crear una política migratoria que funcione y, en vez de ello, la inmigración se ha convertido en un tema intratable, o simplemente en una herramienta política de fácil uso para ganar elecciones. De hecho, el uso del tema de inmigración como arma política nunca ha servido para tomar buenas decisiones al respecto, y ha llevado a generar el defectuoso sistema que rige actualmente, que en vez de beneficiar, perjudica al país.

Desde hace casi veinte años, Estados Unidos pasa por una etapa neonativista en la que sólo han resultado políticamente aceptables las soluciones policiales al problema migratorio, y no se ha hecho prácticamente nada para adecuar el sistema migratorio a las necesidades del país ni para maximizar el beneficio potencial de los inmigrantes de una forma legalmente plausible para la economía. Al contrario, las recetas restrictivas no sólo han sido costosas para el erario público, sino que han contribuido a hundir a millones de indocumentados aún más en el submundo de la explotación, donde su carencia de derechos crea una presión a la baja en los salarios, mientras inhibe su potencial como contribuyentes al erario público, como potenciales trabajadores legales.

Como si fuera poco, hay que considerar la situación de ilegalidad de este gran sector de la población, que ya de por sí resulta un severo impedimento para la discusión de soluciones. Para muchos estadounidenses, el tema comienza y termina con el estatus no autorizado de estos inmigrantes. "¿Qué parte de ilegal no entienden?", repiten muchos de ellos, preocupados por la presencia de extranjeros sin documentos. "Yo no estoy en contra de los inmigrantes legales sino de los ilegales", decía el famoso profeta de las restricciones estatales contra los inmigrantes, Pete Wilson, gobernador de California entre 1991 y 1998. Muchos estadounidenses repiten esta consigna hoy en día, y mientras la mayoría acepta la presencia de los inmigrantes legales, considera inaceptable la de los inmigrantes ilegales.

Esta actitud es comprensible desde el punto de vista humano y social; pero la ilegalidad de estos inmigrantes responde a decisiones políticas y a situaciones económicas reales, no a la renuencia de los inmigrantes a venir legalmente a este país. Durante décadas, hubo muy poca vigilancia sobre las fronteras de Estados Unidos, y para los inmigrantes, especialmente los provenientes del otro lado de la frontera sur, cruzarla era el único camino disponible para entrar al mítico Norte y conseguir un empleo. Durante buena parte de la historia de este país, la mano de obra inmigrante, legal o ilegal, fue bienvenida y aprovechada por la economía de Estados Unidos, que se benefició ampliamente de su presencia y también sufrió los cambios y efectos sociales correspondientes.

Pero el de inmigración es un tema emotivo, personal y con connotaciones raciales. Es un asunto volátil, difícil de tratar, que acarrea pocas recompensas para cualquier personaje político que decida encararlo con la amplitud y honestidad que se merece. Sin embargo, parece estar llegando el momento en que este país no tendrá más opción que hacerlo, ya que de no haber un examen a fondo de las políticas migratorias estadounidenses, un rediseño de sus leyes y una sincera mirada a las áreas de la economía que requieren una inyección de mano de obra, sea o no especializada, el efecto negativo va a empeorar a expensas de la propia sociedad y el futuro del país.

La inmensa mayoría de los estudiosos —demógrafos, sociólogos y economistas no asociados con grupos de intereses, sino investigadores independientes y científicos— señalan que el futuro de este país depende en gran medida de cómo se maneje el tema de la inmigración, y que un flujo correcto de inmigrantes resulta indispensable para que Estados Unidos mantenga su productividad y competitividad económica a largo plazo.

Además, esta situación no compete únicamente a los inmigrantes ilegales sino también a los legales, un grupo mucho más aceptado por el estadounidense promedio, pero que también se ve afectado por la falta de una evaluación de programas de inmigración que no han sido revisados por lo menos en veinte años, y que resultan obsoletos e insuficientes para regular el futuro flujo de inmigrantes.

Un reciente artículo del periodista Fareed Zakaria de CNN titulado "Estados Unidos podría perder su ventaja migratoria", señala que lo que ha permitido a este país mantenerse económicamente vibrante a lo largo de las décadas es precisamente su diversidad y la renovación de su fuerza laboral gracias a la inmigración.

"La razón por la que la gente de negocios de todo el mundo aún considera atractivo al mercado estadounidense del futuro es por la presencia de trabajadores jóvenes, productores, consumidores, inversionistas", afirma Zakaria. "Nuestra gran ventaja está en la inmigración, pero lo que pasa es que no la estamos manejando bien".

Aún en momentos en que Estados Unidos vive la gran recesión de principios del siglo XXI, hay sólidos argumentos a favor de preservar y ayudar a la integración de los inmigrantes y presentes en el país, y en crear un nuevo sistema migratorio que abra puertas y aproveche su energía, su juventud y su alta productividad. También hay importantes llamados de atención respecto a lo que podría ocurrir si esto no se toma en serio, y se persiste en la vía restrictiva, creyendo que la inmigración es única y exclusivamente un problema, un déficit y una carga para el gran país que es Estados Unidos.

Para Dowell Myers, profesor de la Escuela de Planeamiento y Desarrollo de la Universidad del Sur de California en Los Ángeles, el problema es que los debates sobre inmigración "miran hacia atrás y no hacia donde deberían mirar, que es hacia adelante. La necesidad de reformar la política migratoria de este país no viene del pasado sino del futuro, de las necesidades que este país tendrá en las décadas que vienen y ese debería ser el punto de referencia", explica Myers. "En la próxima década veremos muchos cambios, y para enfrentarlos debemos recordar quienes somos en verdad. Esta preocupación por la legalidad, aunque importante, nos ha distraído del problema central: ¿necesitamos o no a los inmigrantes?".

Estados Unidos hace frente a una realidad irrefutable, la misma que han vivido y siguen viviendo los países desarrollados alrededor del mundo: el envejecimiento de su población, el crecimiento del segmento menos productivo de su sociedad, quienes ya cumplieron con su tarea y ahora están por entrar en la última etapa de su vida, la de la jubilación y las pensiones, el Seguro Social, Medicare y, en muchos casos, la dependencia económica.

Por primera vez en su historia, el país se enfrenta a una crisis de envejecimiento demográfico. La generación de los Baby Boomers consta de setenta y ocho millones de personas, que hace poco comenzaron a ser elegibles para los beneficios de la pensión del Seguro Social y de Medicare, el seguro médico para personas mayores. En los próximos años, esta generación entrará de lleno en la vejez, retirándose del mercado laboral, buscando compradores para sus casas y requiriendo cuidados, beneficios y atención sanitaria.

Los documentos y análisis económicos vienen realizándose desde hace tiempo. La Oficina de Estadísticas Laborales proyecta que el crecimiento de la fuerza laboral será de menos de 1% por año, y que aún con los retrasos proyectados en sus retiros, debido a las dificultades económicas, será difícil encontrar suficientes reemplazos para los Baby Boomers en proceso de jubilación. En este escenario, la economía ciertamente sufriría.

Dowell afirma que los inmigrantes tienen mucho que contribuir en este contexto, particularmente porque ellos constituyen la población más joven del país, y la más fecunda. En realidad, Estados Unidos aún tiene esta ventaja. Aunque la entrada de inmigrantes, sobretodo indocumentados, ha bajado con la recesión económica, años de prosperidad atrajeron a millones de jóvenes en edad productiva, tanto en la escala laboral más baja, como intermedia y profesional.

Pero la proliferación de leyes restrictivas, las políticas de deportación y la falta de interés e inversión en la educación e integración de los inmigrantes amenazan con dar al traste con el progreso de una población que puede ayudar a aliviar el peso de la carga económica en una sociedad que irremediablemente envejece.

CAPÍTULO 13

¿Se esfuma el sueño americano?

Poderosa mujer con antorcha,
cuya flama es a los prisioneros luz,
y Madre de los Exilios es su nombre.
En su mano el faro refulge a todo
el mundo la bienvenida,
de sus suave ojos bajo el mando.
Y en el aire tendido el puerto, puente que
mellizales ciudades fragua.

"Guarden sus antiguas tierras, sus historiadas
pompas", ella grita.
"Denme a mí sus seres pobres y cansados,
sus abigarradas masas, anhelantes de libre respirar,
los tristes desechos de costas populosas.
Envíen a esos, a los desahuciados, arrójenlos a mí,
¡que yo elevo mi faro junto a la dorada puerta!".
—*Emma Lazarus, "El nuevo coloso", poema inscrito*
en la base de la Estatua de la Libertad

Sostenemos como evidentes por sí mismas dichas verdades:
que todos los hombres son creados iguales; que son dotados
por su creador de ciertos derechos inalienables; que entre estos
están la vida, la libertad y la búsqueda de la felicidad.
—*Preámbulo de la Declaración de Independencia*
de Estados Unidos de América

Los inmigrantes de hoy, como los de ayer, no sólo vienen en busca de una subsistencia económica básica. En su maleta pequeña o grande no sólo traen ropa o recuerdos de la vieja tierra, sino su versión particular de un mito que a pesar de los años no ha dejado de existir: el del sueño americano.

A pesar de las diversas interpretaciones, el sueño americano está implícito en los documentos esenciales de la fundación de este país y también en la base de su símbolo más destacado: la Estatua de la Libertad.

En el preámbulo de la Declaración de Independencia se encuentra una oración, que aún hoy en día es radical, y más todavía lo era en el siglo XVIII, en la que se declaraba la igualdad de todos los hombres y su derecho a la "vida, la libertad y la búsqueda de la felicidad". La nueva nación comenzaba cobijada en la esperanza y, al mismo tiempo, atormentada por la contradicción que hasta hoy perdura, en las notorias diferencias entre sus ideales básicos y su realidad concreta.

En esos años en que Washington, Jefferson y Madison, entre otros, establecían los principios y las reglas del nuevo país, lo mismo que hoy, no todos los hombres eran iguales. Ni las mujeres podían votar. Ni los negros eran libres, sino esclavos.

Pero a lo largo de su historia esta tierra fue tierra de oportunidades para millones de inmigrantes, principalmente europeos, que escaparon de los límites del Viejo Mundo en busca de la amplitud y las oportunidades del nuevo. Era un trayecto azaroso, en buques en los que a veces la enfermedad alcanzaba a los más débiles, que terminaban sepultados en el inconmensurable océano, como hoy terminan calcinados en el vasto desierto de Arizona.

La mayoría de los que llegaban eran gente pobre, campesinos, igual que muchos inmigrantes de hoy, y venían en barcos, a menudo reclutados por un agente de la compañía naviera que los transportaría al nuevo continente.

Tras semanas de viaje, llegaban al puerto de Nueva York, donde los esperaba la majestuosa estatua de la "Libertad iluminando el

169

mundo", un poderoso símbolo de Estados Unidos que fue fabricado y regalado a la nación americana por el Gobierno francés, e inaugurado en 1886.

La colosal estatua de más de cuarenta y cinco metros de altura está tan simbólicamente enraizada en la mente de la humanidad, que aún el visitante contemporáneo se estremece al verla por primera vez, y apenas puede imaginar la alegría con que su visión se recibía en la cubierta del barco donde sus seres pobres y cansados, desechos de costas populosas, habían pasado semanas esperando el fin del viaje para iniciar su nueva vida.

El ideal persiste. Y también las dificultades.

Es difícil aceptar que en el mundo político de hoy, el poema "El nuevo coloso" de Emma Lazarus que está inscrito en la base de la estatua se reconozca como un principio fundamental de esta nación.

"Denme a mí sus seres pobres y cansados, sus abigarradas masas, anhelantes de libre respirar, los tristes desechos de costas populosas. Envíen a esos, a los desahuciados, arrójenlos a mí, ¡que yo elevo mi faro junto a la dorada puerta!", reza en parte el famoso poema.

Los inmigrantes, sea cual sea su estatus legal, aún ven la puerta dorada; pero dentro del propio Estados Unidos, el discurso político y las leyes y políticas migratorias de los últimos veinte años lucen peligrosamente como una de las olas nativistas más recalcitrantes en la historia.

¿De dónde proviene todo esto?

Durante décadas la encuestadora Gallup, una de las más prestigiosas del mundo, ha realizado sondeos entre el público estadounidense para determinar si su visión de los inmigrantes ha cambiado. Sorprendentemente, con pocas variantes, la opinión mayoritaria de los estadounidenses sigue siendo que la inmigración es buena para el país.

De hecho, en encuestas de 2006, 2008 y más recientemente, en julio de 2011, en plena y gravísima recesión económica, un 59% opinó que la inmigración es positiva para el país y 64% notó que el país debería permitir la estadía legal de los inmigrantes sin papeles, tras cumplir ciertos requisitos. Al mismo tiempo, un 53% piensa que es extremadamente importante detener la inmigración ilegal.

No obstante, la mayor parte de la discusión política gira en torno a este último punto, la inmigración *ilegal*, indocumentada o no autorizada, como quiera definírsela. Políticos selectos, como algunos de los mencionados en este libro, han instigado los temores de algunos sectores de la población, siempre presentes, de que la inmigración ilegal es nociva y que sus protagonistas están entre los peores delincuentes.

La distinción entre inmigración legal e ilegal es la clave hoy en día de un discurso político que era exactamente el mismo cuando no existían los ilegales: algunos inmigrantes son buenos, otros son malos. Los buenos generalmente eran los de antes y los malos, los de ahora o los que estaban por venir.

Pero en años recientes, la ilegalidad se ha convertido en el obstáculo más grande para una conversación razonable sobre inmigración. Ilegal se considera sinónimo de criminal; y para un sector de la población hasta allí llegó la discusión. Los méritos individuales de estos inmigrantes, su papel en la sociedad y en la economía no son discutidos ecuánimemente, sino bajo una luz negativa y amenazante.

"En respuesta, queremos construir un muro en la frontera, en vez de evaluar qué fue lo que hicimos económica y demográficamente para crear un mercado que los atrae", afirman Roberto Suro, profesor de periodismo de la Universidad del Sur de California y Marcelo Suárez-Orozco, antropólogo de la Universidad de Nueva York.

Buena parte de la culpa de que el énfasis esté en la supuesta amenaza, y no en lo positivo o en los beneficios de esta población, es del discurso político electoral prevaleciente en Estados Unidos desde mediados de 1990. "El sistema actual pone una barrera de concreto frente a los mejores y más brillantes y, sin embargo, los que no tienen educación o habilidades simplemente cruzan la frontera", dijo el republicano Mitt Romney en 2005, cuando era gobernador de Massachussets.

Romney, como casi todos los demás protagonistas de competencias políticas de hoy en Estados Unidos, y en particular dentro del Partido Republicano, promete "acabar con la inmigración ilegal" por la fuerza. No parece inclinado a intentarlo de la forma razonable: cambiando las políticas y leyes migratorias del país para ampliar el flujo en momentos en que la mano de obra se necesita, e integrar a los inmigrantes ya establecidos cuando, como ahora, se ha reducido el flujo de nuevos indocumentados debido a la recesión económica.

De hecho, como resultado de la pugna por descender al mínimo común denominador en la política —la lucha contra el otro, que presuntamente nos amenaza—, la política migratoria se ha vuelto contraproducente, no sólo para los inmigrantes, sino para el país. La nación idealista de la Estatua de la Libertad, ha devenido, en los últimos quince años, en una que exprime, rechaza, vilipendia, amenaza y viola consuetudinariamente los derechos de muchos inmigrantes, cuya única falta ha sido venir a este país en busca de una vida mejor, en momentos en que las fronteras están más controladas que nunca.

En mi trabajo como reportera de inmigración durante los últimos años en Los Ángeles, he tenido que cubrir el progresivo endurecimiento de la vida de los inmigrantes sin papeles en Estados Unidos. Si el sueño americano es aguantar las durezas y dificultades de la transición al nuevo país, trabajar duro y hacer todos los sacrificios necesarios para progresar, y que los hijos tengan una mejor situación que uno, esta generación de inmigrantes, con sus once millones de indocumentados que entraron porque había un trabajo aquí esperándoles, está pagando un altísimo precio.

En las páginas del periódico *La Opinión*, donde trabajo, y en muchos otros medios de Estados Unidos, los periodistas no sólo han reportado las nuevas leyes y la discusión política en torno a los inmigrantes ilegales, sino las docenas, cientos, posiblemente miles y miles de casos de indocumentados que en vez de una vida mejor, están enfrentando la pesadilla de este difícil momento histórico.

Durante un reciente programa de PBS, *Frontline*, la periodista María Hinojosa reportó para la televisión nacional sobre la situación de los detenidos en el actual proceso de deportación, en las cárceles de ICE o en las muchas cárceles privadas que ahora se benefician del negocio creciente de la prisión obligatoria de los indocumentados. Una mujer, quien no fue identificada en imagen ni en nombre, le describió a Hinojosa su horripilante experiencia en un centro de detención en Texas (Willacy), en el que durante meses fue sexualmente agredida por un agente custodio de los detenidos.

Además, Hinojosa también habló de la situación de miles de detenidos, muchos de los cuales no son delincuentes, que esperan su deportación y que, a diferencia de los acusados en el sistema penal regular, no tienen derecho a un defensor público.

La Opinión, Univisión y otros medios en español, y en menor medida en inglés, han reportado otros casos de violaciones a los derechos civiles, como enfermos mentales en las prisiones de inmigración por años, perdidos en el sistema, y el abuso sistemático de los detenidos homosexuales y transexuales, que salió a la luz por el escandaloso caso de Victoria Arellano, quien murió en un Centro de Detención en California cuando se le negó atención médica, a pesar de las masivas protestas de otros detenidos.

Numerosas organizaciones de derechos civiles han hecho detallados reportes sobre la existencia de un sistema de justicia paralelo actualmente en Estados Unidos, separado y diferente para el acusado regular y el indocumentado. En términos generales, al indocumentado le va peor porque no tiene las defensas constitucionales del sospechoso regular, como el derecho a la representación legal pagada por los contribuyentes.

Entre las más tenaces consecuencias de la política dura contra el indocumentado, está el efecto en las familias. En un segmento del programa, María entrevista a los dos hijos preadolescentes de Antonio y Rosana Arceo, luego de que Rosana fuera detenida por manejar a exceso de velocidad y deportada sin audiencia, sin tiempo para que su familia pudiera reaccionar y ni siquiera poder despedirse de esta.

El padre, Antonio, permaneció en Maple Park, Illinois, trabajando en su taller de mecánica y haciendo lo posible por cuidar de sus hijos, con la ayuda de su iglesia y amigos. La pareja tiene cuatro hijos que son ciudadanos estadounidenses.

"¿Qué piensas cuando tu papá dice que a lo mejor deberían volver a México?", pregunta Hinojosa a uno de los jovencitos, David, que parece tener unos trece o catorce años.

"No sé, la idea de tener que empacar todas mis cosas y dejar mi país para irme a un país en el que nunca he estado no me parece correcta", dijo el muchacho.

Él y su hermano tenían la intención de estudiar y llegar a ser profesionales. Uno quiso ser policía, pero ahora que la policía de inmigración se llevó a su madre, descartó esa posibilidad. "No, ya no quiero", dijo el jovencito mientras se balanceaba en un columpio para niños más pequeños.

David pensaba ser abogado, un sueño que parecía alcanzable en algún momento, pero que ahora ha abandonado. "La verdad, estoy más pendiente de otras cosas", confiesa David, con la seriedad de haber sufrido una tragedia a su corta edad.

La pérdida de su madre ha sido más que eso: ha significado su pérdida de fe en la autoridad del país que saben suyo, pero que los trata como si no lo fueran y también, posiblemente, de la esperanza en un futuro mejor, en ese sueño americano que para ellos se esfumó con la deportación de Rosana.

La historia de David y sus hermanos no es la única. En Estados Unidos hay 5,5 millones de niños que tienen al menos un padre indocumentado. Casi todos ellos, las tres cuartas partes, son ciudadanos estadounidenses. ¿Estamos dispuestos a destruir la vida y las familias de todos estos niños ciudadanos? ¿No se ha convencido este país que la mejor opción es la integración, la educación y el aprovechamiento de estas nuevas generaciones?

Esto es más cierto hoy que nunca antes en la historia, cuando estos jóvenes son la diferencia entre un futuro de población senescente y en decadencia, y uno en el que Estados Unidos pueda mantener su preeminencia mundial, gracias a la juventud y diversidad de su población.

Tan sólo este año, cuatrocientos mil extranjeros fueron deportados. Entre ellos, aproximadamente la mitad no habían cometido infracción alguna más que la de ser indocumentados, qué según las leyes de Estados Unidos no es un delito, sino una contravención. Muchos otros fueron detenidos por alguna falta menor, como una infracción de tráfico o por manejar sin licencia. En la cruda realidad policial de hoy, estos inmigrantes terminaron en manos de las autoridades migratorias.

La ilegalidad no detiene la vida de millones de inmigrantes, pero sí la dificulta. De hecho, hoy en día es más difícil que nunca vivir como un inmigrante indocumentado, ya que las leyes se han vuelto cada vez más restrictivas a nivel estatal y también federal. Por ejemplo, casi ningún estado le permite la obtención de tarjeta de identificación o licencia de conducir, cuando hace veinte años obtener uno de estos documentos era relativamente fácil para los inmigrantes sin papeles. La no disponibilidad de fuentes oficiales de identificación le ha dado más impulso aún al mercado negro de documentos que los indocumentados usan para manejar, trabajar y vivir.

Así mismo, gracias a programas federales como Comunidades Seguras y 287g, que enrolan a policías locales en ayuda de la captura de indocumentados, cada vez es más difícil para los indocumentados que por alguna razón entran en contacto con las autoridades, aunque sea para reportar un delito, evitar su eventual identificación por las autoridades de inmigración. En los últimos años, una leve infracción de tráfico, o incluso una llamada a la policía en un caso de violencia doméstica, puede resultar en la deportación de una persona sin papeles. Ha ocurrido en numerosas ocasiones, y los casos han sido reportados por los medios de comunicación, particularmente los medios en español.

Para los indocumentados, Estados Unidos, supuestamente el país de la democracia y la libertad, se ha convertido pues en un estado policial. Pasar desapercibidos les es imperativo, y no tener relación alguna con la policía lo es más aún.

Según los propios expertos policiales, esto es contraproducente para la propia sociedad ya que aparte de los millones de indocumentados, también hay muchos residentes legales de origen extranjero que temen el contacto con las autoridades por temor a que el mismo tenga consecuencias a la hora de tramitar su ciudadanía o peor aún, resulten expulsados del país.

Muchos jefes policiales se oponen a estas medidas por esa misma razón: porque amenazan la seguridad pública, en vez de mejorarla. La lista de grupos policiales e individuos que se han opuesto a medidas radicales como la Ley de Arizona —que obliga a los policías a determinar quien puede o no ser indocumentado, y a detener a esas personas— es larga: el ex jefe de policía de San Francisco, George Gascón; el sheriff de Pima County Arizona, Clarence Dupnik; La Asociación de Jefes de Policía de Arizona; el jefe Robert Davis, de San José; el presidente de la Asociacion de Jefes Policiales; el Jefe de Colorado Spring, Richard Myers; y muchos otros.

"Lo que pasa con este tipo de medidas es que los inmigrantes sin papeles le van a tener miedo a la policía y van a evitarnos en vez de venir a nosotros con información", dijo el Sargento Bryan Soller, de Mesa, Arizona.

Si una de las críticas que algunos activistas hacen a la mano de obra indocumentada es que estos trabajadores sin papeles son competencia desleal para los estadounidenses, sobretodo a nivel de obrero no especializado, entonces la continuación de su estatus ilegal no hace más que agravar este problema.

Por ejemplo, la periodista Miriam Jordan, experta en inmigración del diario el *Wall Street Journal*, publicó un artículo en el que narra el cambio en la vida de una pareja de inmigrantes indocumentados con más de una década en Estados Unidos.

Alba y Eugenio fueron despedidos de una gran compañía de limpieza, donde tenían empleo limpiando rascacielos, que pagaba el doble del salario mínimo con beneficios, trabajo que habían realizado durante más de diez años.

Luego de que el gobierno federal comenzó una auditoría de documentos en la empresa donde trabajaban, ambos perdieron sus empleos y tuvieron que tomar otros trabajos en una empresa más pequeña, por la mitad del salario.

La auditoria de documentos los persiguió hasta esta nueva empresa, y significó que ambos terminaron otra vez en la calle; ahora trabajan lo que pueden, a destajo, y tienen que pedir ayuda para comer en un banco de alimentos de caridad.

Vemos pues como una familia que antes estaba cómodamente asentada en la clase trabajadora, ahora ha pasado a engrosar la lista de los pobres.

El que antes era casi garantizado progreso de los inmigrantes en la primera generación, y en siguientes, se verá severamente inhibido por estas dificultades; pero este lamentable cambio de situación afecta también negativamente a la economía de Estados Unidos, puesto que estos trabajadores pagarán menos impuestos, consumirán menos y contribuirán en menor medida a los fondos de Seguro Social y Medicare.

La dureza contra el indocumentado no es la solución mágica que muchos prometen. "Cuando sea presidente, acabaré con la inmigración ilegal", promete Mitt Romney, considerado como el candidato más viable entre los republicanos para medírsele a Barack Obama en 2012. Si Romney tiene la fórmula para hacerlo, bueno sería que la hubiera compartido con todos nosotros en 2008, la primera vez que lanzó su candidatura a la presidencia de la nación. O antes, cuando fue gobernador de Massachusetts.

Pero en realidad, Romney lo hizo cuando era gobernador y favorecía un proceso de legalización de indocumentados, siempre y cuando los que ya están en la línea para inmigrar, pasaran primero.

"El tema central es este: la gente que está aquí ilegalmente no debe tener prohibido solicitar la ciudadanía, pero no deben tener ninguna ventaja especial sobre los que siguieron el proceso legal", dijo Romney en 2007, durante una entrevista a un periódico de Florida que hoy puede ser muy fácilmente vista en YouTube. "Después vendrán los detalles de cómo sería el proceso".

En la presidencia de Barack Obama, quien durante su campaña electoral prometió a los votantes latinos cambiar favorablemente las políticas migratorias, más de un millón de indocumentados ha sido expulsado. "Estamos aplicando las leyes del país", afirma Cecilia Muñoz, directora de Asuntos Intergubernamentales de la Casa Blanca, quien antes de ese nombramiento, por cierto muy elogiado por grupos latinos, había sido una líder de derechos civiles. "Cuando hay más de once millones de personas sin papeles en este país, la aplicación de la ley va a traer consigo algunas separaciones de familias. Puede que no nos guste, pero es la realidad".

El Partido Demócrata, el más progresista de los dos partidos mayoritarios del país, tiene un discurso tan falso en cuanto a la inmigración como el republicano. Muñoz, quien durante años fue una de las más prominentes activistas pro inmigrantes de Washington, D.C., y llegó a ser vicepresidente del Consejo Nacional de la Raza, sabe perfectamente que la política de deportaciones no va a eliminar la inmigración ilegal. Eliminar los trabajos que desempeñan los inmigrantes sería tal vez la única manera de lograr eso.

¿Por qué persisten este discurso y esta realidad cuando la opinión pública es ciertamente mucho más razonable de lo que escuchamos en las noticias? Porque en realidad todo en la política es local. El primer salvo fue lanzado en California en 1994 para rescatar la carrera política de un gobernador republicano en declive. En 2006, en Hazleton, Pennsylvania, un alcalde descendiente de italianos aprovechó los temores al cambio por la llegada de los nuevos inmigrantes para hacerse elegir al Congreso.

En 2012, los precandidatos presidenciales republicanos compiten con más fierza, no para ver quién puede sacar al país del hueco económico en que se encuentra, sino para demostrar quién es más duro contra los indocumentados. La base republicana conservadora es su público definido y al que necesitan agradar.

Barack Obama, como Bill Clinton, teme ser acusado de estar a favor de la ilegalidad de los inmigrantes si llegase a adoptar una postura más enfática a favor de la reforma migratoria, o si decidiese mitigar la intensidad de las deportaciones. El caso es que las elecciones de 2012, como le ocurría a Clinton en 1996, están cada vez más cerca.

Los votantes latinos, o inmigrantes naturalizados de otros orígenes, todavía no tienen la fuerza para imponer su criterio con suficiente contundencia. La población votante que domina en muchos rincones del país sigue siendo la población blanca mayor en edad, que tiende a ser más conservadora en sus juicios sobre los inmigrantes.

Al final, el indocumentado es uno de los seres más útiles y politizados del moderno Estados Unidos. Aquí voy a compartir con ustedes el pensamiento de un mentor y amigo, también periodista, Rafael Buitrago, quien al discutir conmigo los pormenores de este capítulo, resumió así lo que el indocumentado representa en este país: "Es el ser más productivo de todos, ya que todos aprovechan de alguna manera su presencia. Recoge las fresas y las uvas, corta el jardín, cuida de nuestros hijos y ancianos, nos limpia las casas y cocina nuestras comidas. Trabaja duro, por largas horas y consume, y paga impuestos, y contribuye a la economía de su país de origen. Y encima, sirve a los políticos para ganar elecciones".

En otras épocas históricas de este país, las olas antiinmigrantes se han atenuado, más no eliminado, cuando la situación económica ha mejorado; así que el actual resquemor hacia los inmigrantes no va a calmarse, mientras no ceda la recesión que aqueja al país. Pero el país debe plantearse muy seriamente una mirada amplia al sistema migratorio actual. Si nos disgusta la inmigración ilegal, ¿por qué no cambiar las leyes para crear un flujo legal que esté acorde con las necesidades del mercado laboral y la economía? ¿Hasta dónde creen los conservadores, el grupo que más enfatiza las restricciones a los inmigrantes, en el verdadero mercado libre que debiera incluir el libre flujo —legalizado— de mano de obra necesaria?

Si no queremos legalizar a once millones de indocumentados, ni tampoco parece factible deportarlos, ¿cuáles han de ser las consecuencias de esta situación? La perenne ilegalidad de este gran grupo de inmigrantes no es buena para nadie. La falta de papeles en el actual contexto de las políticas más estrictas y mayor aplicación de las leyes migratorias que ya existían se convierte en una pesada carga que dificulta el progreso económico y social de toda una población, y el de sus descendientes.

En etapas históricas anteriores, pocos grupos de inmigrantes —con excepción de los chinos, que fueron marginados y excluidos de la ciudadanía estadounidense durante más de sesenta años entre mediados del siglo XIX y principios del XX— tuvieron que vivir por tanto tiempo en la ilegalidad. Esta prolongada vida en las sombras tiene sus consecuencias: limitada participación social y económica, explotación laboral y difícil integración en el país nuevo.

No obstante, el sueño americano ha sobrevivido peores épocas que esta: la terrible Guerra Civil, la Gran Depresión, las dos guerras mundiales y las numerosas recesiones y crisis económicas que ha experimentado el país en su historia. Su atracción es imperecedera, como la antorcha del Gran Coloso de la Estatua de la Libertad, y sucesivas generaciones de inmigrantes así lo han demostrado. Y en cada generación, ha habido escepticismo y duda, pero también, la esperanza de aquel o aquella joven que toma su maleta llena de sueños y viaja rumbo al lugar donde cree que le espera un promisorio futuro.

CAPÍTULO 14

El cambio demográfico no espera

Se alejaron de allí
un día gris
de primavera,
bajaron hacia el sur
con su juventud
en bandolera.

Con sus sueños al hombro
cruzaron la colina,
las viejas encinas
los vieron marchar.

A cualquier parte,
en cualquier lugar,
siguiendo otras pisadas,
el camino no acaba en el encinar.
Volvieron muy pocos de aquellos,
mañana yo me iré con ellos
a buscar el mar.

Me voy, les digo adiós
rincones en donde he crecido,
les dejo en un cajón
la gris canción
de lo que he sido.

Me voy hacia otra tierra
en donde el sol caliente
lejos de mi gente
y del encinar

—Joan Manuel Serrat,
de su canción "En cualquier lugar"

El sueño americano aún está vivo en la nueva generación de inmigrantes y sus descendientes. Sólo basta estar presente en cualquiera de las numerosas ceremonias de naturalización que ocurren cada mes en cualquier parte de Estados Unidos para darse cuenta.

En la semana de octubre de 2011, en la que terminé de escribir este libro, en Los Ángeles se celebraron dos ceremonias de naturalización en el Centro de Convenciones de Los Ángeles: una en la mañana y otra en la tarde. En total, hubo doce mil nuevos ciudadanos estadounidenses, sólo en esta esquina del país, en un día.

Cada ceremonia está pletórica de emotivos sentimientos. Aún para aquellos poco dados a sentimentalismos patrióticos —entre los que me incluyo—, la ceremonia de naturalización es un momento lleno de simbolismo y emociones muy difíciles de controlar. Aún recuerdo claramente lo que sentí el 25 de mayo de 2000 cuando, junto con otros cinco o seis mil inmigrantes, juré y recibí mi certificado de ciudadanía estadounidense.

Evoco el inmenso recinto colmado de emoción colectiva, de banderas, de rostros, sonrientes unos, solemnes otros. Hay quienes lloran, hay quienes ríen, pero nadie parece indiferente. Se pronuncian discursos que inspiran y renuevan el compromiso de estos nuevos estadounidenses con su patria adoptiva. Se siente gratitud por la generosidad del nuevo país, aunque el camino no haya sido nunca fácil.

Cada año, Estados Unidos permite la regularización de un millón de residentes legales y la naturalización de aproximadamente otro millón; y en el mundo, sigue siendo el país que históricamente más inmigrantes ha acogido en su seno.

En voz de Joel Kotkin, escritor de gran éxito, periodista y profesor de Desarrollo Urbano de la Universidad de Chapman en Orange, California, en una entrevista reciente: "La inmigración es un voto a favor de Estados Unidos. La gente que escoge venir, se sobrepone a enormes obstáculos para hacerlo, y al hacerlo, reabastece a nuestra sociedad".

Kotkin es el autor de un libro, publicado en 2010 que se titula: *The Next Hundred Million: America in 2050* (Los próximos cien millones, Estados Unidos en el 2050).

En vez de una voz de alarma sobre los peligros de la inmigración ilegal, o el crecimiento de la población, Kotkin ofrece una visión esperanzadora, y plantea que Estados Unidos de América tiene el potencial de seguir siendo uno de los países líderes en el mundo, no a pesar de, sino gracias a sus inmigrantes.

"Mi optimismo respecto al futuro del país se basa en que, en comparación con otros países de Asia y de Europa, con los que regularmente nos comparamos, nuestra trayectoria demográfica es mucho más positiva", afirma Kotkin. "Soy básicamente optimista porque es mucho mejor tener una población joven y creciente que una población mayor que se contrae".

Los inmigrantes y sus descendientes, apunta Kotkin, revitalizan ciudades que hace décadas iban en declive. Según Kotkin, existían en el país muchas ciudades y pueblos que se vaciaban de población y que, gracias a la llegada de nuevos inmigrantes, hallaron nueva vida. Agrega que dentro de algunas décadas, Estados Unidos será un país mucho más mezclado racialmente: "Hacia 2050 vamos a ser diversos en nuestra diversidad; no creo que será un país hispano o chino, sino un país mezclado. El grupo que más crecerá será la población de raza mixta y la cultura será muy diferente a la de hoy".

Kotkin nos habla de un Estados Unidos optimista, con la misma visión del sueño americano latente desde su fundación, pero formado por grupos étnicos y raciales más diversos, con una sociedad cada vez más abierta social y culturalmente, y consciente de su responsabilidad para con el medio ambiente.

Hoy por hoy, ese *sueño* parece amenazado por una grave recesión económica y por una creciente brecha entre ricos y pobres, que socava enormemente lo que siempre hizo funcionar a esta nación: una clase media sólida y fuerte. Las protestas del Tea Party y del movimiento Occupy Wall Street son reacciones de la base estadounidense, desde puntos de vista diferentes, hacia un sistema que ya comienza a necesitar una serie de cambios para adaptarse a las necesidades del nuevo país.

Entretanto, el cambio demográfico no espera ni pide permiso. El Censo 2011 halló a una nación diversa racial y étnicamente, con una población blanca —no hispana— que constituye un 64% de la población total, la cifra más baja de la historia, y una creciente población hispana que superó el 16% de la nación.

En las próximas décadas, y para mediados del siglo, Estados Unidos se convertirá en un país en el que los blancos ya no serán la mayoría absoluta; su porcentaje en la población disminuirá y dará paso a significativas minorías de diversas razas, y a una creciente mezcla racial y étnica. Los matrimonios interraciales han llegado ya a niveles récord, y esa tendencia será aún más concreta en las próximas generaciones, en las que la mezcla racial y étnica será la norma y no la excepción.

La población inmigrante de mayor número en la historia reciente, los hispanos, latinos, latinoamericanos, ya es la de más rápido crecimiento en la nación. La mayoría del crecimiento entre los latinos ya no proviene de la inmigración, sino de los nacimientos de hispanos en Estados Unidos. El Censo 2011 registró más de cincuenta millones de nosotros en todo el país.

Las encuestas han mostrado una y otra vez que estos hispanos, inmigrantes, o nacidos aquí, o hijos de inmigrantes, tienen una actitud abierta y tolerante hacia la inmigración. Si hay un grupo en este país que se encuentra descontento con la actual ola de leyes antiinmigrantes y la cerrazón de la política actual, que ha impedido abordar la alternativa de una reforma migratoria, son los latinos que viven en Estados Unidos.

El cambio demográfico, y la integración de nuevos votantes latinos al sistema estadounidense, terminarán por ir cambiando la actitud hacia los inmigrantes en algún momento de nuestra historia próxima, por una razón muy simple: los votantes latinos están tan cerca de la experiencia del inmigrante como cualquier otro inmigrante o descendiente de inmigrantes del pasado lo estuvo en su momento.

Una encuesta de votantes latinos, realizada por Impremedia y Latino Decisions en 2011, reveló que 53% de los votantes latinos conocen a alguien que no tiene papeles, y el 25% conoce a un individuo o familia que ha sido deportado o está en proceso de serlo. Ese conocimiento se traduce en altísimos niveles de apoyo, de entre el 70% al 80% por medidas de legalización e integración del inmigrante.

Los votantes latinos de hoy, alarmados por la ola de nativismo contra sus hermanos inmigrantes, tienen una postura política enfáticamente pro inmigrante, y esperan de sus representantes políticos que estos traten con justicia a los inmigrantes honestos que sólo vienen a buscar una mejor vida.

Por estar tan cerca de la experiencia inmigrante, o tener familia y amigos que la han vivido, este grupo de la población estadounidense sabe que la apuesta por el buen inmigrante, el inmigrante honesto que viene a trabajar, es también una apuesta por el futuro del país que ha sido el más grande laboratorio de prueba para el éxito de la inmigración en el mundo.

Si a Estados Unidos le queda futuro como potencia mundial, es gracias a, y no a pesar de sus inmigrantes —los de ahora y los de antes. Pero eso sólo será verdad si sus líderes tienen la visión suficiente para reconocer que, como dice Kotkin, la inmigración es un voto masivo a favor de Estados Unidos.

Ya es hora de que la presente generación de dirigentes estadounidenses vote también a favor de sus inmigrantes.

Agradecimientos

Mi más profunda gratitud a Ariel Coro, quien con su proverbial terquedad casi me ordenó a escribir este libro. Al maestro y colega Rafael Buitrago, quien con paciencia y entusiasmo me ayudó en la edición y en la formulación de algunos capítulos. A Diane Stockwell, mi agente, quien creyó en este proyecto y además fue capaz de hacer creer a otros que valía la pena. A Erik Riesenberg, director editorial, y Carlos Azula, director de C. A. Press, por hacer de este libro una realidad. A Cecilia Molinari, editora paciente y talentosa. A todos los colegas periodistas, profesores, activistas y demás interesados en el bienestar de los inmigrantes más vulnerables y del país que los acoge. A *La Opinión*, el periódico donde trabajo desde hace más de veinte años, porque su principal misión es la información y el progreso de los latinos y los inmigrantes en Estados Unidos, y porque ha sido una escuela invaluable en mi caminar como periodista.

Pero más que todo, a los innumerables inmigrantes que he conocido y he entrevistado, los que me han contado su historia y con los que ha menudo me he identificado, porque el día que decidieron dejar su hogar y lanzarse a la aventura del emigrado, arriesgaron todo por la esperanza de un futuro mejor para sus familias y apostaron por la que desde siempre conocieron como la tierra de las oportunidades. No siempre lo lograron, pero nunca dejaron de luchar.

Recursos

Capítulo 1
La ley de 1986 y la reforma incompleta

Debate presidencial republicano de 1980: Reagan y Bush hablan sobre la
inmigración indocumentada. *www.youtube.com/watch?v=Ixi9_cciy8w*
Ex senador Alan Simpson, entrevista sobre la Ley de Reforma de 1986:
www.signonsandiego.com/uniontrib/20060528/news_z1e28simpson.html
¿Qué fue el programa bracero? *www.farmworkers.org/pbracero.html*
Mazzoni, Romano y Alan Simpson, "Enacting Immigration Reform,
Again," *Washington Post*, 15 de septiembre de 2006. (De los mismos
autores de la Ley de Amnistía de 1986). *www.washingtonpost.com/wp-dyn
/content/article/2006/09/14/AR2006091401179.html*

Capítulo 2
California lanza la primera piedra

El famoso comercial de Pete Wilson, que inició las iniciativas estatales
antiinmigrantes. *www.youtube.com/watch?v=lLIzzs2HHgY*

Capítulo 3
El viejo y el nuevo nativismo: harina del mismo costal

Powell, Michael, "U.S. Immigration Debate Is a Road Well Traveled",
Washington Post, May 8, 2006. *www.washingtonpost.com/wp-dyn/content
/article/2006/05/07/AR2006050700721.html*
Nga, Mae, "How Grandma Got Legal", *Border Battles: The U.S.
Immigration Debates*, 28 de julio de 2006. *borderbattles.ssrc.org/Ngai/*

————, *Impossible Subjects: Illegal Aliens and the Makings of Modern America*, Princeton: Princeton University Press, 2005.

Capítulo 4
El nuevo siglo: Bush, los latinos y el 11 de septiembre

Thompson, Ginger, "Immigration on Agenda as Bush Meets Fox in Mexico", *NewYork Times*, 30 de marzo de 2006. *www.nytimes.com/2006 /03/30/international/americas/30mexico.html*

Vargas, Rosa Elvira, "'No te puedo ofrecer nada': Bush a Fox sobre el acuerdo migratorio", *La Jornada*, 22 de noviembre de 2004. *www.jornada .unam.mx/2004/11/22/003n1pol.php*

Capítulo 5
Inmigración: una cuestión de seguridad nacional

Detalles sobre Operation Tarmac, de la oficina de responsabilidad gubernamental GAO. *www.libraryindex.com/pages/2447/Illegal-Aliens -OPERATION-TARMAC.html*

Capítulo 6
Los ilegales y el nuevo movimiento de odio

DeParle, Jason, "The Anti-Immigration Crusader", *New York Times*, 17 de abril de 2011. *www.nytimes.com/2011/04/17/us/17immig.html*

Navarrette, Ruben Jr., "Immigrant hunting? What's happening to my country?" CNN Opinion, 17 de junio de 2011. *www.cnn.com/2011 /OPINION/06/17/navarrette.immigrant.hunters/index.html?hpt=op_t1*

"Fear and Loathing in Prime Time", Media Matters Action Network. *mediamattersaction.org/reports/fearandloathing/*

Buchanan, Susan y David Holthouse, "The Little Prince", Southern Poverty Law Center, Invierno 2005, número 120. *www.splcenter.org/get-informed /intelligence-report/browse-all-issues/2005/winter/the-little-prince*

Recursos

Capítulo 7
Hazleton y el shock demográfico de una pequeña comunidad

Katchur, Mark, "Latino influx spurs first population increase in Hazleton in 70 years", *Standard Speaker*, 10 de marzo de 2011. *standardspeaker.com /news/latino-influx-spurs-first-population-increase-in-hazleton-in-70-years -1.1116591#axzz1UAMUjMT2*

Capítulo 8
Los gobiernos locales toman la ley en sus manos

Kobach, Kris W., "Attrition through Enforcement: A Rational Approach to Illegal Immigration", *Tulsa Journal of Comparative and International Law*, volumen 18, 2005. *papers.ssrn.com/sol3/papers.cfm?abstract_id=1157057*
"Minuteman not watching over funds", *Washington Times*, 19 de julio de 2006. *www.washingtontimes.com/news/2006/jul/19/20060719-091346 -2988r/*
Warner, Melinda, "Meet Kris Kobach: Lawyer for the Anti-Immigrant Movement", *Political Correction*, 15 de julio de 2010. *Politicalcorrection .org/blog/201007150011*
Sterling, Terry Greene, "The Arizona Border Killer", 16 de julio de 2011. *www.terrygreenesterling.com/2011/07/16/the-arizona-border-killer/*

Capítulo 9
Arizona, Alabama y las leyes antiinmigrantes de Kobach

Estudios sobre las leyes estatales contra los inmigrantes: *www.stateimmigrationlaws.com/studies/*
Lofstrom, Magnus, Sarah Bohn y Steven Raphael, "Lessons from the 2007 Legal Arizona Workers Act", Public Policy Institute of California, marzo de 2011. *www.ppic.org/main/publication.asp?i=915*
Prendergast, Curtis, "Narratives in the News: The Death of Robert Krentz", *The Sonoran Chronicle*, 19 de marzo de 2011. *sonoranchronicle .com/2011/03/19/narratives-in-the-news-the-death-of-robert-krentz/*

Galloway, Jim, "Notes from Rural Georgia: All the Crop Was Missed", *Atlanta Journal-Constitution*, 15 de junio de 2011. *blogs.ajc.com/political -insider-jim-galloway/2011/06/15/notes-from-rural-georgia-%E2%80%98all -the-crop-was-missed%E2%80%99/?cxntfid=blogs_political_insider_jim _galloway&utm_source=twitterfeed&utm_medium=twitter*

Redmon, Jeremy, "Georgia Restaurants Report Labor Shortages after Passage of Anti-immigration Law", *Atlanta Journal-Constitution*, 20 de julio de 2011. *www.ajc.com/news/georgia-politics-elections/georgia -restaurants-report-labor-1030243.html*

Capítulo 10
Los Dreamers y el sueño desechable

Condon, Stephanie, "Huckabee: Don't Punish Children of Illegal Immigrants", CBS News, 12 de agosto de 2010. *www.cbsnews.com/8301 -503544_162-20013462-503544.html*

Capítulo 11
La era de Obama y la mano dura con los indocumentados

"Illegal Reentry Becomes Top Criminal Charge", TRAC Immigration, 10 de junio de 2011. *trac.syr.edu/immigration/reports/251/*

Capítulo 12
La economía, los inmigrantes y el futuro de Estados Unidos

"Immigration Debate: Economics of Immigration Boom or Bust", debate para LearnLiberty.org colgado en YouTube: *www.youtube.com/watch?v =1tGO42FNX80*

Myers, Dowell, "Immigrant Contributions in an Aging America: Dowell Myers Essay Published by Federal Reserve", *The Planning Report*, 30 de junio de 2008. *www.planningreport.com/2008/06/30/immigrant -contributions-aging-america-dowell-myers-essay-published-federal-reserve*

Zakaria, Fareed, "America Risks Losing Its Immigration Advantage", CNN World, 28 de junio de 2011. *globalpublicsquare.blogs.cnn.com/2011 /06/28/america-risks-losing-its-immigration-advantage/?hpt=hp_bn2*

Woodrick, Anne C., "Revitalizing a Midwestern City: Immigrants in Marshalltown", 8 de noviembre de 2010. *www.america.gov/st/peopleplace -english/2010/October/20101019151854enna0.6003992.html*

Migration Policy Institute es un instituto en Washington, D.C., que genera estudios de alta credibilidad sobre el complejo tema migratorio. *www.migrationpolicy.org*

Capítulo 13
¿Se esfuma el sueño americano?

Morales, Lymari, "Amid Immigration Debate, Americans' Views Ease Slightly", Encuesta Gallup, 27 de julio de 2010. *www.gallup.com/poll /141560/amid-immigration-debate-americans-views-ease-slightly.aspx*

Capítulo 14
El cambio demográfico no espera

Hinojosa, María, "Lost in Detention", *Frontline*, PBS, 18 de octubre de 2011. *www.pbs.org/wgbh/pages/frontline/lost-in-detention/*

Jordan, Miriam, "Los indocumentados son empujados a un mundo más clandestino en Estados Unidos", *Wall Street Journal Americas*, 14 de agosto de 2011. *online.wsj.com/article /SB10001424053111903480904576508961035987854.html*

Wood, Graeme, "A Boom Behind Bars", *Bloomberg Businessweek*, 17 de marzo de 2011. *www.businessweek.com/magazine/content/11_13 /b4221076266454.htm*

Gad, Sham, "Private Prisons Have Future Growth All Locked Up", *Investopedia*, 20 de octubre de 2009. *stocks.investopedia.com/stock-analysis /2009/Private-Prisons-Have-Future-Growth-All-Locked-Up-CXW-GEO -CRN1020.aspx#axzz1QELzN8k6*

"Private Prison Companies Want You Locked Up", Justice Policy Institute, 22 de junio de 2011. *www.justicepolicy.org/news/2615*

Recursos

Becker, Andrew, "ICE 'Industry Day' on Detention Reform Attracts Familiar Faces", *Center for Investigative Reporting*, 3 de febrero de 2010. *centerforinvestigativereporting.org/blogpost/20100203icequotindustrydayquot ondetentionreformattractsfamiliarfaces*